中华先贤人物故事汇

李纲

易康 著

中华书局

图书在版编目(CIP)数据

李纲/易康著. —北京:中华书局,2020.11(2024.7重印)
(中华先贤人物故事汇)
ISBN 978-7-101-14454-3

Ⅰ.李… Ⅱ.易… Ⅲ.李纲(1083~1140)-生平事迹
Ⅳ.K827＝442

中国版本图书馆 CIP 数据核字(2020)第 042181 号

书　名	李　纲
著　者	易　康
丛 书 名	中华先贤人物故事汇
责任编辑	傅　可　董邦冠
美术总监	张　旺
封面绘画	张　旺
内文插图	高晶宇
责任印制	管　斌
出版发行	中华书局
	(北京市丰台区太平桥西里 38 号　100073)
	http://www.zhbc.com.cn
	E-mail:zhbc@zhbc.com.cn
印　刷	三河市宏达印刷有限公司
版　次	2020 年 11 月第 1 版
	2024 年 7 月第 2 次印刷
规　格	开本/787×1092 毫米　1/32
	印张 4¾　插页 2　字数 50 千字
印　数	6001-8000 册
国际书号	ISBN 978-7-101-14454-3
定　价	20.00 元

出版说明

孔子周游列国，创立儒家学说；张骞出使西域，开辟丝绸之路；书圣王羲之，留下了曲水流觞的佳话；诗仙李白，写下了"举头望明月，低头思故乡"的名篇；王安石为纠正时弊，推行变法；李时珍广集博采，躬亲实践，编撰医药学名著《本草纲目》……

这些杰出的历史人物，有的是在中华民族文明进程中做出过突出贡献、对后世产生过巨大影响的思想家、政治家，有的是对中华优秀传统文化的传承传播发挥过重大作用的文学家、艺术家、科学家，有的是为国家安定统一、民族融合团结和中外文化交流做出过杰出贡献的军事家、外交家……他们为中华民族的繁荣发展做出了伟大的贡献，他们的行为事迹、风范品格为当世楷模，并垂范后世。

他们是中华民族的先贤人物。他们的思想、品德、事迹，是中华优秀传统文化的结晶。他们的故事，是对中华民族的禀赋、特点和气质最生动、最鲜活的阐释。他们的名字，在五千年中华文明史上最为光彩夺目。他们为五千年中华文明史书写了最为光辉灿烂的篇章。

为了解先贤，走近先贤，我们精心组织编写了这套《中华先贤人物故事汇》丛书。以详实可靠的史料为依据，以细腻动人的故事为载体，真实地呈现中华先贤人物的事迹、品格和精神风貌，彰显他们的贡献和功绩，以激发人们对国家民族的热爱，对中华文明、中华优秀传统文化的崇敬。

开卷有益，期待这套丛书成为你的良师益友。

目　录

导 读

　　李纲（1083—1140），宋朝名相、抗金英雄。其父李夔（kuí）参加过抗击西夏的战斗，李纲壮年时期大多是在动荡的时局中度过的。他的一生刚直不阿，力主抗击外敌，虽不断遭遇到朝中主和派的打击、排斥，但屡仆屡起，愈挫愈勇。

　　踏入仕途以后，李纲以胆大敢言著称。他曾在朝中任监察御史，后因议论朝政而被谪任起居郎。时汴梁大水，李纲直言利害，被宋徽宗赵佶认为议论不合时宜，而将其贬为地方小官。宣和七年（1125），李纲奉诏回京，任太常少卿。这一年冬天，金兵南下攻宋。李纲力主抗金，反对割地求和。宋钦宗即位后，李纲率领京师军民奋起抗战。

他亲临战场，亲冒矢石，最终取得了汴梁保卫战的胜利。金军退兵后，李纲却遭排挤打压，被迫离开京城。靖康元年（1126），金军再次南下，并攻陷汴梁，掳走徽钦二帝，北宋灭亡。

南宋建立后，李纲曾在朝中任尚书右仆射兼中书侍郎，虽然主政时间仅有短短的七十五天，但他依然力排众议，主张内惩国贼，外抗强敌，收复失地；举荐、提拔宗泽、张所等抗金名将，联络河北、河东豪杰，为抗金积聚力量。但李纲的这一系列举措，不仅遭到朝中主和派的激烈反对，也受到企图偏安一隅的宋高宗的掣肘，在独木难支的情况下，李纲只得辞相。

李纲虽饱经宦海沉浮，但无论是居庙堂之高，还是处江湖之远，他都没有改变自己的信念。他以天下事为己任，置个人得失于度外，始终将保国卫民作为最高的信念及追求。他的政治、军事主张有不少是符合当时黎民百姓利益的，所以无论是过去还是现在，他都得到人们的交口称赞，成为彪炳史册的一代名臣。

犯言直谏　谪贬离京

　　北宋宣和元年（1119）五月，东京汴梁（今河南开封）。一场大雨骤然而至，水位跟着降雨上涨，南城墙处的蔡河水首先漫上街道；东水门外的虹桥只有拱顶一部分还露在水面上。五天后，积水最多的地方已经齐腰，城外大水甚至淹没了屋顶。昔日行人摩肩接踵的京城大道一片凄凉落寞，熙熙攘攘的景象不见了，街道两边的店铺都已关门歇业，曾经令人眼花缭乱的招牌在雨打风吹中七零八落。

　　城外田地家园被淹没的灾民开始往汴梁城里涌。他们拖儿带女，扶老携幼，仓皇地寻找安身之所。一时间，京城竟然显现出乱世光景。

早朝，宋徽宗赵佶召集群臣议京城水患之事。殿外风雨大作；殿内阴暗沉闷，烛光不安地晃动着。群臣肃穆。在朝堂之上，只要蔡京、蔡攸父子不发声，大家都不好言语。徽宗对着太师蔡京说："京城水患前所未有，其势直逼皇城，卿以为该当如何？"

此时的蔡京已是个年过七旬的老人了。他的机变随着年龄一起老去，反应越来越迟钝龙钟，听了皇帝问话，他先是一愣，然后才答道："陛下，京城大雨连绵，七日不绝，此乃异象。或许是天神不悦吧。"

"嗯？"徽宗的脸阴了下来，"朕自登基以来，为国为民殚精竭虑，怎么会惹恼天神呢？"

刚被加封为开府仪同三司的蔡攸，出班挡在蔡京前面："启奏圣上，据微臣所知，天降豪雨的确乎是天神不悦。"

赵佶的脸拉得更长了："卿何以见得？"

"京城大雨成灾，微臣为此寝食不安，遂着人四下探访，终于探明就里。暴雨前五天，大相国寺附近的茶楼曾出现了一头神兽。茶楼小二无知，招来军器作坊的军士，他们贪一时口福竟然把神兽杀了烹食。据臣查考，该神兽本是天龙。天龙被杀，天神震怒，故而暴雨如注！"

蔡攸的故事讲得绘声绘色，徽宗将信将疑，但他还是说："罪过罪过，既是这样，那该如何是好？"

"惩办茶坊伙计和军器坊军士，设坛祭奠，祈求天神免灾降福。如此大水自然会退去。"

"启奏陛下，臣以为，蔡大人的话实属信口开河。"说这话的是起居郎（负责记录皇帝言行的官员）李纲。他中等身材，四方脸，颔下三绺长须，身穿六品文官绯色礼服，怀抱朝笏。立时，所有人的目光都集中在他身上。

蔡攸一见是李纲，不由得皱起眉头："李大人虽然是快人快语，但实在鲁莽了。身为起居郎，在圣上面前更需谨言慎行。"

"蔡大人是朝廷重臣，当心系社稷，解百姓于倒悬，怎可凭臆断贻误国事？"李纲针锋相对。

蔡攸应对也很敏捷："在朝议事本不是李大人职责所在，下官以为李大人似有越俎代庖之嫌。"

"在朝言事，是臣子本分，李纲不算越俎代庖。蔡大人放心，李纲虽不敢自比董狐，但一定秉笔直书，定使误国者无可遁形！"

"好了，口舌之争于事无补。"徽宗挥了挥手，示意李纲退到一边，然后说，"户部的唐恪治水颇有心得，如何不见唐大人言事？"

户部侍郎唐恪还算务实，他出班向徽宗提出引水排洪的方略。唐恪的治水策略很大胆：决金堤，引汴水入黄河。徽宗思索片刻，然后说道："引水排洪是长久之计，祈求神灵赐福是当务之急。此事先由蔡大人去办吧。"

蔡攸退出大殿的时候，看了一眼李纲，心中暗骂："不开窍的书呆子。"

两天后，雨停了，但水位还在上涨。蔡攸的一通装神弄鬼的祈福显然没有奏效。这天午饭刚过，李纲就收到了蔡攸的帖子，说要请他去蔡府听戏。李纲把帖子往案几上一扔，心中已有决断，他收拾了一下就前往蔡府。

蔡府地势高，加之防堵及时，没有进水。蔡府的花园很是气派，奇花异草，矞矞皇皇。为皇帝搜罗江南奇珍异石，不光使得蔡氏父子更获宠信，也让他们得以中饱私囊。在奇石垒成的假山中间，一条小溪蜿蜒而过，小溪上有一座水榭，两个穿红戴绿的伶人正在水榭上咿咿呀呀地唱着。蔡攸见李纲来了，只是微微欠了欠身，道："李大人坐吧。听听《赵贞女》，唱的是老蔡家的故事。"

仆人呈上西京雪梨、回马葡萄一类的果品。蔡攸说道："很可口，但不算稀奇，不过是东京市井之物。有时我想，当官不就是为了效忠陛下吗，如其不然，何苦为官？"

李纲看到蔡攸装模作样的样子，忍不住说道："做官若不能利国利民，那真的不如平民百姓。"

蔡攸干咳了一声。此时，戏告一段落，两个伶人鞠躬退下。蔡攸又说："李大人，诸宫调、杂戏之流虽登不得大雅之堂，但也是一种教化。这个蔡邕也算是清流了，到了戏里却成了遭天打雷劈的恶徒。李大人，数百年之后，不知世人会怎样演绎你我？"

李纲明白了蔡攸的意思，于是他坦言道："蔡大人，下官以为，为官者但求无愧于良心，至于后人如何评论则见仁见智，那就由不得你我了。蔡大人有话不妨明说，下官还要抓紧撰写《起居注》。"

"我蔡氏父子对圣上一片忠心。前者，朝中议论水患之事，我等之言都是为圣上和社稷着想，李大人不会不知。"蔡攸拿起案几上的玉如意把玩着，慢悠悠地说，"李大人撰写《起居注》也是大事，理当兢兢业业，否则定会引得龙颜不悦。李大人如果不介意，可先送我一阅，以免虚妄。"

李纲冷冷一笑，说道："蔡大人虽为重臣，但无权调阅《起居注》，恕李纲实难从命。"

蔡攸将玉如意重重地往案几上一放，脸黑了下来。但片刻之后，他又换了副面孔，语气轻松地说道："李大人误会了，本官不过是提醒李大人要谨慎从事，以防剑走偏锋。蔡攸不才，但对圣上一片赤诚，朝野上下谁人不知？"他摘下一颗葡萄，送到嘴里，又道："葡萄来自北疆。当年，汉武帝刘彻何等英武，可惜终有力不能及之事。当初如能联络大月氏夹击匈奴，又何须后来的糜饷劳师。我蔡攸无德无能，但如若天佑我等，或可助圣上建不世之功，又何劳李大人的春秋之笔？"

蔡攸的这通云山雾罩之语，让李纲有了不祥的预感。蔡攸对着李纲神秘地一笑，然后挥挥手，伶人们又重新登场，继续下一段戏，李纲不愿多待，起身告辞，宾主不欢而散。

徽宗最终还是采纳了唐恪的建议，决堤排涝。汴梁的水也渐渐退去。危机暂缓，京城繁华依旧，喧嚣依旧。通往大相国寺的大道更是热闹，各色酒肆茶坊林立，富豪商贾、文人雅士络绎不绝。

这天下午，李纲带着老家人李怀兴走进这儿的一家茶坊。李纲身穿直裰（一种通裁的长衣），头戴乌角巾，书生打扮。他们径直上楼，选了一个靠窗户的桌子坐下。过不多时，茶博士端来了茶水，李纲边品茶，边跟茶博士攀谈："我听说京城大水之前，此茶坊门口出现过异兽，这事可是属实？"茶博士脸色一变，连忙说道："客官，小的只会招呼客人，不敢多管闲事。"

"那发现这头异兽的小二呢？"李纲继续追问。

"他不在……客官慢用，小的还要关照其他

客人。"茶博士说罢，便抽身下楼。他刚走到楼梯口，与一个急忙上来的客人撞了个满怀。此人三十上下，脸色黝黑，浓眉细眼，后面跟着两个随从。从衣着看是中原人，但李纲很快就发现他们来自北边。

那人刚坐下，便盯着李纲看，然后他起身一拱手，轻声说道："官人，我见过您，就在北边的榷场。"

李纲一惊，缓缓站起身来。他很快发现眼前的这位是契丹人。"李大人，您做监察御史的时候去过霸州榷场。您大概记不得我了，当时我随父在那边做药材生意。"契丹人笑道。

李纲说："是吗？不期而遇……此间就不必多礼了。"

契丹人告诉李纲，他此次来汴梁是为找生意上的合作伙伴，辽国那边去年饥荒，朝野不安，他想将先前的货款算清，然后避世远遁。他想先看看大相国寺，也许以后就再也看不到了。

"何出此言？"李纲疑惑道。

"李大人不知道吗？"契丹人说，"大辽要与北边的金国大打一仗。"

李纲觉得事有蹊跷，于是不动声色地试探道：
"辽金两国素有争执，但不必危言耸听。"

契丹人压低了声音说："大宋正在与金人洽
谈，只是尚不知详情。李大人保重就是了。"

他们喝了茶，吃完随身带来的胡饼，一拱手便
告辞下楼了。李纲心事重重，全然没有了品茶的
兴致。

李怀兴在一旁安慰道："道听途说不足信，大
人不要太过忧虑。"

"前几日，蔡攸自夸要助陛下立不世之功，看
来不是空穴来风啊。"李纲放下茶杯，说道，"我再
去大相国寺走走，寻一下那个契丹人，你在附近打
探一下异兽的事。"

李纲从茶坊里出来，天已经擦黑了。沿街店铺
都挂上了灯笼，前面不远处，一条画廊纵贯街道，
画廊里灯火辉煌，一群衣着华丽的歌女正在吹拉弹
唱，此时的街道如同彩色的仙境。李纲无心观赏，
加快脚步往大相国寺走去。他在人群中寻觅半晌，
但终究没有寻到那个契丹人。

寺院大门口，有卖各种飞禽走兽的商贩。李纲无意中看到一个大铁笼，里面锁着一头动物：比虎小，比狗大，浑身长着黑色的长毛。李纲打量良久，然后问站在一旁的商贩："这是什么？"

"獒。"商贩回答道。

三天后，徽宗突然要李纲将《起居注》送入宫中。李纲无法违抗，只好照办。又过了一天，徽宗传唤李纲进宫。

待李纲行完叩拜礼，徽宗从案上拿起前几天送来的《起居注》，面有愠色地说："卿身为起居郎，本该秉笔直书，怎可凭一己好恶而置事实于不顾？"

徽宗说的是前几天早朝议论京城水灾之事。李纲在《起居注》中不仅写下蔡攸的虚妄，而且还如实地记录了徽宗的颟顸（mān hān）。这让徽宗十分恼火。

徽宗说："卿本为侍御史，只因言论不当才改任起居郎，虽为从六品，但责任重大，岂能妄言？卿常言要忠君报国，然卿所作所为实属南辕北辙。"

李纲听得出来，徽宗的话里除了不满还有警告，但他依然不卑不亢地说："陛下，臣虽不才，却知当为陛下和社稷竭尽犬马之劳。臣在《起居注》中所言皆属实，不敢胡言乱语。"

　　徽宗将手里的《起居注》用力往案几上一摔，冷冷地说："李纲，你也太固执了。蔡大人所言也是为了社稷。朕虽非尧舜之君，但怎会良莠不分？你的记录混淆真伪，误导后人。"

　　"陛下，京城大水是自然灾害，为臣者当建言陛下全力救灾，安抚灾民。装神弄鬼于事无补，贻误救灾，其心可诛，请陛下明察。"

　　徽宗冷笑道："朕已令唐恪决堤引水，且卓有成效。好了，将《起居注》重新撰写，务求真实。先下去吧。"

　　李纲没有退下。徽宗怒目而视，又说了一遍："退下！"

　　"陛下，臣有本奏。"李纲坚持不退。"天降大雨本是自然现象，所谓神龙之说也曾引起臣的疑惑，后经查实方知纯属子虚乌有。此为京城富户园林走失的异兽，人称'獒'，大相国寺亦有售。该兽产自吐蕃等地，古书中多有记载，不足为怪。"李纲说罢，将本章呈递了上去。徽宗匆匆看了几页，明白了。他放下本章，心里暗骂蔡攸。

"陛下，大水虽然退去，但还需赈济灾民，使其不再忍受贫病之苦，以安天下，方为长久之计。"李纲慷慨陈词，"臣恳请陛下，对内安抚百姓；对外厉兵秣马。而今东北金国日益强大，有狼子野心，不可不防。我大宋当居安思危。陛下如能以天下苍生为念，必可感召神明，而保大宋江山千秋万世！"

徽宗虽然还是端坐在龙椅上，但脸上的表情有了微妙变化。他问道："卿还想说什么？"

"据臣所知，金国正谋划大举攻辽。我大宋君臣当整顿军备，号令各州各府修缮城防，防患于未然。且需谨慎从事，切不可一意孤行，视社稷安危为儿戏啊！"

徽宗问道："说完了？"

"而今，奸佞在朝中蒙蔽圣听，在民间作威作福，他们是国家的蛀虫。陛下当严惩此等奸恶，以振朝纲。忠言逆耳，请陛下明鉴。"李纲再无顾

李纲的劝谏让宋徽宗十分不悦。

忌，只愿把心中积愤尽数倾吐。

"退下吧。"徽宗不耐烦地一抖袍袖。

两天后，徽宗下诏：李纲妄议朝政，所言不合时宜，贬为监南剑州沙县税务。对此，李纲丝毫不感到意外。

离开汴梁的前一天，李纲和李怀兴又去了一趟大相国寺附近的那家茶坊。他们选定了原先的那张桌子坐下，对面粉墙上多了一幅《富贵图》：碧绿的叶子，娇艳的花朵。李纲低吟着图上题写的诗句："惆怅阶前红牡丹，晚来唯有两枝残。"

李纲叹道："白香山的诗，但愿不是谶（chèn）语。牡丹虽好，却不耐风吹雨打。"

金兵南下　力主禅位

　　宣和七年（1125），李纲被召回朝，任太常少卿，此时距他离京已过了六年。

　　当他和老家人李怀兴再来到那座茶楼的时候，这儿已经换了主人，茶楼成了彩帛铺，但门锁着。沿街这样关门落锁的店铺不止这一家，街上行人比六年前少了很多，没有歌吹，也没有了喧嚣。此情此景令李纲不由心生怅惘，沉浸在对往昔时光的追忆之中。不知不觉中他与李怀兴走到了军器坊附近。

　　作坊前的柳树下正有一群人在玩蹴鞠（cù jū）。为首的是一名老军。他技艺娴熟，那球就像粘在他的脚上一般。李纲走上前去，围观的闲人见来了位官员，都知趣地散去。老军连忙收起球，垂手侍立。

李纲问老军："这儿一直很清闲吗？"

老军低眉拱手道："刚闲下来……官人有事尽管吩咐。"

李纲走进作坊巡视。火炉里没有炭火，铁砧上蒙着灰尘，刀枪剑戟在兵器架上默默地立着。

李纲感叹道："都说防患于未然，如今是山雨欲来，朝廷却依旧懈怠。可悲，可叹！"

老军满脸羞惭道："官人，没有军器监的指令，小人们也不敢妄动啊。"

李纲沉默片刻后对老军说："我是太常少卿李纲。此行是为私事。我要定制一把锏，一把四棱镔铁锏。"

宣和七年是个动荡之秋。金国发动了对辽的全面战争。为形成南北夹击之势，金与宋达成了盟约联合攻辽。目光如炬的李纲一眼看出了其中的隐患：唇亡齿寒。为此，他在写给徽宗的奏章《制虏论》中陈述利害：辽亡国后，金就成了宋朝的心腹大患。可惜，李纲的真知灼见并未引起徽宗的重视。

局势的发展果如李纲所料，金灭辽后，便以辽国降将张觉投宋为借口，开始了对宋的侵犯。十月，金太宗完颜吴乞买下令兵发两路进攻宋朝。一路由完颜宗翰率兵攻打太原，负责守城的童贯畏敌如虎，擅自逃回汴梁，太原危在旦夕。另一路由完颜宗望率领，攻下燕京后，以降将郭药师为向导，长驱南下，直逼东京汴梁。至此，沉溺于"太平娱乐"之中的宋朝君臣，终于有了大难临头的感觉。

李纲和李怀兴刚回到府邸，就有人来报：给事中吴敏已经在客厅等候多时了。

吴敏此人城府较深，但有时也能仗义执言，他还颇得蔡氏父子的青睐，最近还被蔡攸荐举给徽宗。吴敏与李纲鲜有交往，今天的造访，令李纲很是意外。

寒暄过后，吴敏开门见山："金军南下，势如破竹。李少卿是朝廷栋梁，一向忠心为国，如今之事，李大人以为当如何是好？"

李纲思索了一下，回答道："危难之时，满朝文武当不计个人得失，上下同心保家卫国。"

吴敏起身看客厅中的字画，但脸上难掩焦虑，过了好一会儿才又说道："当今圣上似有东幸之意，李大人以为可否？"

李纲毫不犹豫地答道："不可，汴京安危，关乎社稷的存亡。圣上假如东幸避敌，必招致民心、军心动摇，中原危矣。"

吴敏叹道："圣意难违，陛下又召我入宫商议国事，我即便敢斗胆直言，那也是孤掌难鸣啊。"

此话一出，李纲明白了吴敏的来意。风云突起，波谲云诡，吴敏虽行不苟合，但毕竟独木难支，他希望有人能助他一臂之力。事关重大，李纲没有过多地权衡个人得失，直言道："吴大人不必忧虑，下官愿意和大人一起入宫面圣，陈述利弊。"

吴敏的脸上露出了如释重负的笑容，赞叹道："人言李少卿是忠义之士，今日一见果然名不虚传。"

垂拱殿。

宋徽宗表情迷茫，直视着前方。皇城外，就是繁花似锦的东京市井。皇宫中有一条暗道直通此处，那儿的瓦舍勾栏曾令他流连忘返，莺歌燕舞曾使他陶醉其中。现如今，所有这些即将成为一枕黄粱。

在徽宗眼里，李纲一直桀骜不驯，可是当李纲与吴敏一同出现在自己面前的时候，他倒感到些许慰藉。他明白，危急时刻李纲能为他遮风挡雨。

吴敏首先对徽宗说："陛下，金人背叛盟约，举兵犯我大宋。敌酋完颜宗望率贼兵直指京城，臣等以为陛下宜早计事。"徽宗点点头，并不言语。见此情景，吴敏便示意李纲出面说话。

"形势危急，社稷存亡悬于一线，李少卿以为现下该当如何？"出乎意料，徽宗倒先开口问李纲了。

李纲没绕弯子，直接答道："臣听说陛下有意临幸东南，不知是否属实？"

徽宗脸色一变，来了点精神："东南是卿的故地，物产丰富，景色秀丽，民风淳朴。朕心怀天下，所以打算去东南考察民情。"

"臣以为万万不可，形势迫在眉睫，存亡之道不在临幸东南，而在调兵西北。"李纲慷慨陈词，

"我大宋精锐尽在西北，陛下应该立即下诏，召集精兵良将火速勤王，以抗金贼。陛下应该任用有威望的官员，固守汴梁。"

徽宗双眉微蹙（cù），轻叹一声道："只怕远水解不了近渴，如此，当奈何？"

从垂拱殿退出来以后，吴敏很是沮丧，他仰面长叹道："放弃汴京，全无道理，我就是死，也不会执行这样的命令！"吴敏的话让李纲很是感动。国势衰微，吴敏也动了义愤。

李纲对吴敏深施一礼："吴大人不必沮丧，李纲不才，定会冒死进言以保大宋江山社稷，使百姓免遭战火涂炭。"

此时，形势更加危急了。东路金军在完颜宗望的率领下，连克宋朝三十多个州府后，兵锋直指重镇中山府（今河北定州），此地距离汴梁只有十天的路程。中山府的守将是中山安抚使詹度，他抗金态度坚决，组织定武军拼死抵抗。

完颜宗望本以为中山府唾手可得，哪知费尽九牛二虎之力还是拿不下来。恼怒之余，他命大将芬彻胜额亲自领兵攻城。这次宋军只做了象征性的抵抗，便撤回城里。芬彻胜额不知是计，只顾贸然突进。中山府的瓮城有三道城门，芬彻胜额哪里知道，结果被宋军分割在瓮城里外，箭弩和滚木雷石如雨点般砸下。城外的金军刚想前去救援，又被埋伏在侧翼的宋军痛击。芬彻胜额虽然善战，但困在瓮城里插翅难飞，最后被乱石砸成肉酱。

损兵折将以后，完颜宗望几乎动了北撤的念头。但宋军中却在此时出现了叛徒，带领完颜宗望绕过中山府，继续向汴梁挺进。

战况报到朝廷，徽宗更是惶惶不可终日。经过一番思量，他决定先派人前往金陵（今江苏南京）为南逃做好安排，另外将管理汴梁的职责交给太子赵桓，只要情势再趋恶化，他就离开京城。为了防止朝廷内外的议论，安抚民心，他又将李纲和主战的军参议官宇文虚中召进宫中"问计"。

惊恐再加上焦虑，徽宗这段时日老了不少，须发白了一大半。见到李纲和宇文虚中来了，他眨巴着浮肿的眼睛，轻声细语道："这些日子，朕常感到力不从心，身体也每况愈下，可是两位爱卿却不来看朕。"

徽宗一反常态，这让李纲和宇文虚中不免错愕。他们连忙跪了下来，请求陛下保重龙体。徽宗说："国家承平日久，奢靡成风，加之党争，以至于忧患来临，群臣都束手无策。对此，朕难辞其咎。当初不听两位爱卿的忠言，而今不免感觉悔之晚矣。"

"陛下，臣以为，亡羊补牢，犹未晚也。陛下应该火速召集防御西夏的西北劲旅率军救援，以保京师安全。"李纲恳切地说，"我大宋幅员辽阔，仁人志士众多。金贼虽然来势汹汹，只要我朝君臣同心，必能克敌制胜。"

"朕马上下诏。"徽宗点点头，转而对宇文虚中说，"宇文爱卿赤胆忠心。前者因王黼（fǔ）作梗而不能施展报国之志，朕亦有过。只是当今之事大人以为该如何是好？"

宇文虚中也是快人快语："当务之急是整顿军备，任用能人。陛下当下罪己诏，革除弊政，挽回人心。"

徽宗一通咳嗽。等他灌了一气汤药之后，才算平复下来。他一边让宫女给他捶背，一边说道：

"准奏。罪己诏就请宇文大人起草吧。"说罢，他站起身来，在宫人的搀扶下退了下去。

徽宗的这次"问计"跟以往的做派不同，这让李纲感到蹊跷。从宫里出来，李纲便顺道去找了吴敏。听李纲把事情一说，吴敏苦笑着说："这不是很明白吗？陛下是要南下，而且圣意已决，谁也拦不住了。"

李纲急了，一把拽住吴敏的衣袖问道："既是这样，陛下为何还要找我和宇文虚中呢？"

吴敏又一笑："陛下自有度量，岂是我等所知。不过，平息朝野异议总是必须的吧。"

李纲如梦方醒。他呆呆地站在那儿，喃喃自语道："怎么办，就这么眼睁睁地看着金人进犯京师，看着亡国吗？"

吴敏摇头叹息："该说的都说了，再说也无益。"

"如果圣上一定要南幸，那就只有这条路了，"李纲一咬牙，"劝圣上将皇位禅让给太子，由太子留守京城率领军民抵抗金军！"

吴敏听罢脸色晦暗，沉默许久才说："此事非同小可，如有差池，你我不仅会死于非命，还要连累家人，从古到今这样的事数不胜数。李大人切不可逞匹夫之勇，还需三思而后行。"

"我意已决，明天就进宫陈述利害。"李纲想了一下，又说："吴大人尽管放心，李纲一人做事一人当，绝不拖累吴大人。只求吴大人给陛下做个荐举就行了。李纲官卑职小，非经陛下召见不可擅自进宫。"

回家的路上，突然起了一阵怪风。风夹带着灰尘杂物漫天飞舞，顿时天昏地暗。李纲骑马顶着风，风吹着他的胡须和鬓发，尘沙打在他的脸上，生疼。但他还是继续往前走着。

快到府邸的时候，李纲远远地看见有一群人正围在门前。他们默默地立在风中，正在焦急地等候着。李纲下马走过去。他们都是京城的百姓，一见到李纲马上聚拢了过来。

"李大人，听说陛下马上要去南方了？""听说金军过几天就要打过来了，是真的吗？""陛下是不是要扔下我们不管了？""陛下走了，京城怎么办，任由金人践踏吗？"百姓们七嘴八舌地问着。

"李大人，金军一到京城就要血洗屠城啦！"一个书生挤到李纲面前，"李大人最肯为百姓说话，李大人要向陛下直言，我等切不可坐以待毙啊！"

李纲满含热泪，连连拱手作揖："各位父老、各位乡亲，承蒙大家另眼相看，李纲感恩戴德。为了京城百姓，李纲虽九死其犹未悔。明天我一定进宫面圣，直言劝谏，纵冒杀头之罪，也要为民请命！"

夜晚，大风过后，云收雾散。一弯金色的蛾眉月挂在半空中，四周群星闪烁。李纲推开书房的窗户，仰望星空。他刚整理完了"御戎"五策，打算天亮后面呈皇上。这时，李怀兴进来了，他给李纲打来洗脸水。李纲擦完脸，对李怀兴说："你来得正好，帮我一下。"

李纲让李怀兴取来一只笔洗，然后撸起衣袖，用刀刺进左臂。"大人！"李怀兴慌忙喊道。说时迟，那时快，李纲臂膀上殷红的鲜血已经流进了笔洗。

李纲淡然道："不要慌，我是用血给圣上写奏章，以血明志！"

奏章是李纲含着眼泪写完的。此时，他已经将个人得失生死置之度外。天亮了，粉红色的曙光映照在纸窗上。李纲长舒一口。他对一直侍在一旁的李怀兴说："我马上进宫面见圣上。如果圣上能够纳忠言，估计中午就能回来；如果我回不来，你就去买口棺材，找吴敏大人帮着给我收尸吧。"

李怀兴忍不住痛哭流涕。李纲安慰他："太史公说过，人固有一死，或重于泰山，或轻于鸿毛。为社稷百姓而死，也算死得其所了。"

还是在垂拱殿。徽宗抄着双手端坐着，目不斜视。他的身边还站着人称浪子宰相的李邦彦。吴敏进殿告知徽宗李纲求见，并将李纲的主张简单陈述了一下，但他没敢谈禅位的事。

徽宗耷拉着眼皮，冷若冰霜，见李纲进来了，说道："卿的主张朕知道了，朕已经下诏令西北各路兵马火速勤王，卿还有什么要说的吗？"

"陛下，李纲愚钝，有一事不明，想请陛下明示。"李纲直奔主题，"太子而今负责京城防务，陛下是否拟将京城交太子留守？"

徽宗的脸色大变。李邦彦在一旁说："李少卿何出此言？你莫非是在责问陛下？你眼里还有君臣之礼吗？"

徽宗其实也有顾虑：太子留守，自己南下，于情于理多有不妥。太子名不正言不顺，怎么能号令三军？想到这儿，他轻轻地咳嗽了一声，制止住李邦彦，然后和蔼地问李纲和吴敏："依两位之见，当以为如何？"

吴敏抢在李纲之前回答道："臣以为，太子可以监国身份负责汴京防务。此举也符合旧制。"

"非常之时当用非常之法，"李纲斩钉截铁地说，"而今金贼猖獗，陛下非传位太子不足以招徕天下豪杰合力抗击强敌！"

垂拱殿里突然安静了下来，只有漏壶（古代计时器）的滴水声显得异常清晰。

吴敏偷眼来看，只见徽宗脸色铁青。他连忙对李纲使眼色，李纲全当没看见，上前一步，从袖中取出奏章双手呈上："陛下，太子任监国只是因袭常礼。大敌当前，百姓命悬一线，社稷危在旦夕，如果固守常礼，恐怕无济于事！"

徽宗直视着前方，一声不响。李邦彦声色俱厉地呵斥道："李纲，你好大胆，想逼宫吗？"

李纲没理会李邦彦，继续往下说："太子名不正，却要担当大任，掌握天下大权，如何能服人心？如何能使天下豪杰听从调遣？"

李纲的话句句在理，终于打动了徽宗。他打开李纲的奏章，见到了殷红色的字迹，这是一篇血书！他急忙往下看，不由得泪眼蒙眬。徽宗合上奏章，叹息道："卿忠心耿耿，朕早已心知肚明，然何必血书，何至于此？"

"陛下！"李纲跪倒在地，热泪盈眶，"如果陛下能禅位给太子，使其为陛下守社稷、收人心，全力抗敌，大宋江山还可以保全！万望陛下三思！"

徽宗动摇了。他也觉得，禅位于太子于公于私都是万全之策。就在这时，一个内侍拿着文书急急忙忙走进来。徽宗打开文书一看，顿时面如土色。是战报。金人离汴梁只有六七天的路程了。徽宗一把拉住李邦彦的手，结结巴巴地说："没想到……没想到，金人竟然如此……"此时徽宗心胆欲裂，话也说不完整。

　　大殿之中一时寂静无声。过了好一阵，徽宗发出一声长叹，命人拟写诏书：太子即皇帝位，他为太上皇，退处龙德宫。

临危受命　惩办奸佞

　　李纲在军器作坊定制的镔铁锏做好了。送锏的正是那个老军。李纲仔细打量着锏，不住地点头赞许。这把锏棱角分明，锏刃锋利，寒光闪闪，靠近锏柄处的刀面有错金篆书：靖康元年李纲制。

　　李纲老军问："这锏是你的手艺？"

　　老军拱手道："小人技艺不精，请官人恕罪。"

　　"好技艺啊，好技艺！"李纲赞叹不已。

　　"禀大人，小人三代都在兵器作坊。先父在时，曾嘱咐小的精益求精，以此薄技报效国家。只是小的天分不足，难有长进。"

　　李纲含笑问老军："军器作坊近来情况如何？"

"回大人，现下作坊里昼夜炉火通明，军匠们忙得不亦乐乎。"老军兴趣盎然地说，"说实话，谁愿意让自己闲着，荒废了手艺？现在忙了，大家反而高兴。能为国出力，也算没有枉费了平生所学。"

李纲频频点头："国家处于危难之时，凡大宋子民不分高低贵贱，皆应尽忠心报国之力。老军深明大义，李纲受教了。"

徽宗退位后，太子赵桓被推上了皇帝的宝座，是为宋钦宗。钦宗刚一登基就任命李纲为兵部侍郎。金兵越来越近，无论是战还是和，是守还是逃，危急关头总得要有挺身而出的人，他选中了李纲。备战的同时，钦宗对与金人议和寄予很大的希望。于是，他派遣给事中李邺去金营求见完颜宗望。

金兵的军营黑旗招展，威风凛凛，杀气腾腾，完颜宗望端坐于帅帐中央，他神情冷峻，有如鹰隼。见此情景，李邺先有了三分胆怯。

虽然心存畏惧，但李邺还是硬着头皮告诉完颜宗望，徽宗已经退位，现在的钦宗皇帝跟"张觉事件"没有干系，以往的纠葛皆是太上皇受奸人蛊惑所致。完颜宗望不为所动，他正颜厉色地说："宋金两国本是睦邻，是宋背盟在先，才招致兵燹（xiǎn）。何况你说的奸人不是还在你家左右吗？"

李邺仍旧据理力争："张觉已经伏法，他的儿子也送还给了贵国，我朝亡羊补牢，何过之有？战事分明是由贵国挑起的。"

完颜宗望不屑于再与李邺争辩，他一瞪眼，一拍桌案，吼道："箭在弦上，不得不发。你家太祖皇帝说得好：天下一家，卧榻之侧，岂容他人酣睡！"

李邺只觉得脊背一凉，不敢再言。

见李邺害怕，宗望满意了。他平下气息，对李邺说："回去告诉赵桓，想不打仗就要拿出诚意。我大金国兴师动众，怎能空手而归。大宋的那些城池，守也守不住，倒不如拱手相让。两国交好，对大家都有好处嘛。"

延和殿，钦宗召李纲议事，在场的还有刚回来的李邺。龙案上放着一套官窑烧制的瓷器，尽管京城危如累卵，但官窑还是按时进贡。青白色的瓷器，温雅如玉。但此时赵桓无心玩赏，他只是瞄了一眼，便让内侍撤了下去。

钦宗二十多岁，身体瘦削，脸色青白。他虽然不够强悍，但不乏机灵权变。他对李纲说道："大敌当前，任命卿为兵部侍郎的确有些勉为其难。然卿临危受命，勇于担当，实在难得。"

"李纲不才，唯有鞠躬尽瘁，死而后已。"李纲深施一礼。

钦宗切入正题："李特使刚出使回来，带来了一些消息。金人固然蛮横，但事态也非不可收拾。大宋与金国的争执如能和平解决，实在是社稷、百姓之福。"

接着，钦宗便示意李邺讲述出使金营的经过。说到金人要宋朝割地这儿的时候，李纲打断了他的话，正色道："陛下刚刚即位，应该上顺天理，下应民心。对外积极抗金，不可存有幻想；对内铲除奸佞，清明政事。如此才能不枉太上皇的托付。"

李纲又对李邺说："李大人，古有唐雎不畏强秦，你身为使臣当威武不屈，不辱使命。金人一向背信弃义，即便我们委曲求全，他们也不会善罢甘休，况且……"李纲转向赵桓："陛下，我大宋寸土寸金，怎能割让给敌国？中原是华夏族世代生活的地方，我朝君臣当死守故土，否则便是卖国求荣，必留得千古骂名！"

李邦被羞得通红，钦宗也不再往割地求和这块儿说了。这时，内侍来报李邦彦求见。

李邦彦白皙的脸上沁着汗珠，一进来就紧张地禀告钦宗："陛下，臣适才进宫之时，见有太学生陈东带领诸生伏阙上书，他们请求陛下惩办王黼等奸佞。"

其实，陈东他们要求惩办的还有蔡京、童贯等六名奸臣。因为李邦彦与王黼之间素来不和，所以他才只提王黼。说话之间，内臣已经将陈东他们的奏疏呈给了钦宗。钦宗皱着眉头看完，便将它递给李邦彦和李纲，问："你们以为该如何处置？"

此时，徽宗已经出走汴梁，打算去亳州，而蔡京、童贯也以烧香为名跟着他一起跑了。李邦彦当然知道，蔡京和童贯还在徽宗的庇护之下，因此他依然只提王黼："陛下，王黼扰乱朝纲，蛊惑太上皇，当严办。"

钦宗转过脸来看李纲。李纲直截了当地说："王黼、蔡京、童贯之辈损公肥私，祸害百姓，蒙蔽圣听，罪不容诛！今日之困局皆由他们所致，当严惩不贷。如此，方能伸张正气，使天下军民齐心。"

钦宗没有接李纲的话。其实钦宗也憎恶这些人，但他又觉得刚刚即位就在朝中大动干戈，于己不利。钦宗停了一下，又问李邦彦："卿入宫所为何事啊？"

李邦彦一哈腰："金军直逼京城，情势危急。但行事孟浪，必定遗患无穷。臣以为，陛下英明果决，必能应对危局。"

李邦彦一开口，李纲就看破了他的心机。而钦宗却觉得正中下怀，他舒展了眉头，缓缓说道："李邺刚从完颜宗望那边出使回来。金人虽然蛮横，但议和未必不可行。"

李邦彦立即施礼道："陛下果然圣明，如能不战而屈人之兵，上之上策也。不过金人常不守信义，所以微臣以为，必要时圣驾也可以临幸襄阳，以避敌之锋芒。"

"金人如果要以割地为和谈条件，爱卿以为又该如何？"钦宗一路问下去。

"陛下，臣以为和谈、避敌皆是下策！"李纲再也忍不住了，打断了他们的对话，结束了这出君臣双簧，"为今之计，陛下应该整顿兵马，声言出战，军民相与坚守，以待各路勤王之师的到来！"

钦宗很是不悦，他拉着脸问李纲："卿口口声声要与金人作战，然而谁来领兵？"

"李太宰虽然不会带兵打仗，但他身居要位，理当统帅三军将士抗敌御辱，这是他的职责！"李纲毫不客气地一指李邦彦。

李邦彦没料到李纲会如此单刀直入，一时乱了方寸，他顾不得礼仪，厉声问道："李纲，你义正词严、侃侃而谈，莫非你能出战？"

李纲一挺腰板，毫不示弱地说："如果陛下把领军作战的重任交给臣，臣一定以死相报！"

这时，两只白鹤在远处的空中滑翔，它们茫然地盘桓一阵之后，从宫殿门口掠过。钦宗认出来，这是太上皇豢养的爱物。现在太上皇已然逃走了，白鹤也六神无主，发出阵阵悲鸣。赵桓触景生情，陡然生出酸楚。他深思许久后，才轻轻地咳了一下，对李纲说道："李大人忠勇可嘉，是社稷栋梁。保卫汴梁就全靠你了。朕委任你为尚书右丞，兼东京留守。事关大宋存亡，李大人切勿推辞。"

钦宗此举可算是四两拨千斤，一副重担就这么轻易地交给了李纲。李纲的抵抗，无疑会给和谈增添砝码。如果局势过于危急，那么他的离京出逃也有了保障。

李纲磕头谢恩："李纲虽愚钝，还知忠义二字。自当拼尽全力，尽忠报国！"

第二天，钦宗得报：王黼自知形势不妙，带着妻妾和金银细软擅自离京，逃往东南。钦宗这才下令罢黜王黼。李纲闻讯，立即上书请求诛杀王黼，以振军心民心。形势所迫，加上钦宗也希望通过惩罚奸臣来树德立威。于是，就命开封府尹聂昌对王黼实施抓捕。

聂昌派的兵士一路追赶，可王黼转眼已到了雍丘以南的地方。兵士们多方查找，才在一个财主家找到他。此时，王黼正和一群歌姬饮酒作乐。见兵士闯进来，他还装腔作势地斥责他们无礼。当兵士亮出开封府的令牌时，王黼才大惊失色，跪地求饶。武士没跟他啰唆，拔出宝剑直接砍了过去，只见寒光一闪，王黼的人头滚在了地上。

这天中午，天气晴朗，阳光灿烂。虽然是冬天，人们还是感到暖洋洋的。李纲在府中用罢茶饭，就又伏案批阅公文。刚看了两份，就有人来报：太学生陈东求见。

陈东头束逍遥巾，身穿藏青色窄袖长袍。他身材魁梧，连鬓的胡须把他的脸衬托得更加刚毅。李纲上下打量着他，问道："先生就是前几天伏阙上书的陈东？闻其名，不如见其人，果然仪表非俗。"

陈东开门见山："李大人正忙着批阅公文，在下打扰了。金兵日益逼近，奸佞还在太上皇左右。只可惜李大人的公文终不能成为御敌的强弩，杀贼的利刃！"

李纲一笑："说得有理，愿闻其详：如何御敌，如何杀贼？"

"李大人见识不凡，怎么会不知道？"陈东正襟危坐，"要抵抗强敌，先要清理门户。如此，君臣方能同心同德共赴国难。"

李纲明白陈东指的是什么了。他想了一下，缓言道："当今圣上英明果决，个中道理岂能不知？只是……"李纲站起来，踱到厅堂的门前，注视着庭院。粉墙边的青竹在寒风中摆动，竹影在纸窗上摇曳。陈东说："圣上是投鼠忌器吧，这时正需要李大人挺身而出。"

李纲转身，看着陈东，点了点头："恪尽臣职，义不容辞。李纲谢先生指点！"

陈东也站起身来，大声道："一鼓作气，扫除妖邪！不能让奸贼再作恶造孽了！"

黄河两岸朔风怒号，彤云低锁。完颜宗望正指挥金军将士渡河。天气很不好，能够找到的船只少之又少。金军骑兵多，光马匹就运了五天。骑兵步兵混在一起，场面十分混乱。小船在汹涌的浊浪中颠簸，金兵晕船呕吐的占了一大半，将士们十分疲惫，这可是袭击的良机，但南岸的宋军竟不战而逃。阵脚混乱的金军在河南的推进竟然异常顺利。看着乱糟糟的部队逐渐有了秩序，完颜宗望松了

金军轻松渡过黄河，这让完颜宗望得意万分。

口气，他不无得意地说："如果宋军在此地安排一两千人阻击，我等不仅难以渡河，恐怕还要损兵折将。宋朝真的没有能人了，不灭亡简直是天理不容。"

过河以后，金军很快攻克了滑州，而此时徽宗赵佶正在南逃亳州的路上，随行的还有蔡京、童贯和他们的私人护军。途中，禁军将士们意识到此行之后回归无望，不由得难掩悲愤，在搭浮桥过河的时候，他们纷纷趴在桥两边号啕大哭。童贯唯恐耽搁南逃，下令手下的兵丁大开杀戒。一时间，箭如雨下，数以百计的人中箭落水，哭喊声震天动地。徽宗一行过后，河上漂着将士们满身箭镞的尸体，河水被鲜血染红。阴风阵阵，河水滔滔，好似冤魂在呜咽。

消息一传到汴梁，守城的将士首先起了骚动。奸臣妄为，三军难以用命，有的甚至扬言，若不惩处奸佞，等金人来了他们就开门揖盗。

钦宗得知这一情况后，很是紧张。他连忙召见李纲，商讨对策。李纲直言："陛下，臣早已表明态度，御敌之前，必先清理门户。如此，将士们才能效命疆场而无后顾之忧。惩处奸佞，刻不容缓！"

钦宗此时进退维谷。随着金军一步步逼近，企图逃离汴梁、一走了之的念头在他的心头潜滋暗长。李纲对蔡京、童贯一伙的穷追猛打，又使得钦宗难以继续敷衍塞责。而今，军队有哗变之虞，虽然钦宗应该有所作为，但他还是寄希望于李纲为他遮风挡雨。

钦宗面带尴尬地微笑道："蔡京、童贯是太上皇的近臣，操之过急恐怕不好吧。三军将士还需卿安抚，这也是卿的职责所在。"

"陛下，金军即将兵临城下，再不痛下决心，三军若有变，后果不堪设想！"李纲的话打动了钦宗，他的脸色一下子灰暗了下来。

李纲又说："非常时期，当用非常之法。太学生陈东曾向臣进言：只有内惩国贼才能赢得民心，才能使我大宋军民同仇敌忾！陛下，民意不可欺，士气不可辱！"

话说到这儿，钦宗实在无法回避了。他手扶着脑袋，呆呆地看着龙椅下的香炉，注视着袅袅升起的淡青色的香烟。然后缓缓地说:"依卿所奏,拟旨吧。"

依据钦宗的意思,只是将蔡京、童贯等人贬官流放,但蔡京很快死于流放途中。蔡攸不久也被撤职,迫于李纲等朝中大臣们的压力,钦宗终于将蔡攸处斩。而童贯恶贯满盈,树敌太多,在满朝文武的强烈要求下,钦宗下令监察御史张澄将尚在流放途中的童贯就地正法。

据说,行刑的刽子手对童贯也是深恶痛疾。他们在取得童贯的首级之后,便将其尸体扔到荒郊野外。曾经权势熏天的童贯,最终落得个死无葬身之地的下场。

守卫京师　勇挫敌锋

靖康元年（1126）正月，汴梁城显得很是萧条。虽然按惯例，初一这一天开放关扑（一种以商品为赌资的博彩），但到街上玩游戏的人寥寥可数。一些店铺门前也披红挂彩，依旧难掩凄冷的景象，往年的歌舞喧嚣都销声匿迹。年节刚过，便是一场大雪，雪后的天气十分寒冷。贯穿京城东西的汴河冰封雪冻，再没有了如云霞般的锦帆，再也没有了彩舟云淡的图景，御河边的垂柳缀满冰霜，寒风吹起残雪飘落，落地无声。

这天，李纲起了个大早，将昨晚写成的城防策论仔细看了一遍之后，便赶往皇宫。在此前一天，李纲与钦宗曾有过冲突。原因是钦宗在金军即将兵临城下之际，想弃城而逃。他瞒着李纲等主战派大臣，让李邦彦暗地里做了离京的安排。

对此一无所知的李纲，见到钦宗还引经据典，大谈守城的必要。他以唐玄宗在安史之乱逃亡蜀地的历史事件为例，痛陈放弃国都、苟且偷安的恶果。然而就在这个时候，内侍跑来报告："启奏陛下，皇后已乘肩舆从中宫出发了。"

李纲顿时愣住了。他错愕地看着钦宗，不知道发生了什么事。钦宗立马起身，径直往早已准备在一边的步辇走去，边走边说："卿所言极是，但京城兵少将寡。朕不能在此坐等，得先去陕西去搬救兵，等勤王的兵马到齐，再议守城不迟。"

李纲闻听此言，如五雷轰顶。他扑通一声跪在地上，放声大哭。钦宗毕竟年轻，一时被李纲震住了，但他也只是迟疑了一下，便又说道："卿不必如此，等西北的雄兵集结完毕，朕就回来嘛。"

"陛下是要放弃汴梁了吧？陛下是要抛弃社稷、百姓以及朝中大臣，独自走了吧？"李纲圆睁着充血的眼睛盯着钦宗。钦宗苦笑。

"李纲蒙圣恩，做了东京留守，现在陛下竟然要弃城而去，此乃李纲罪过，罪不可赦，李纲愿以一死而报之！"说罢，他冲向一根殿柱，要触柱而死。内侍们还算眼疾手快，一起上前，七手八脚地将他拽住。

钦宗没料到李纲会以命相搏，顿时愣在原地。他知道硬走是不行了，呆立在步辇旁半天才说："爱卿忠心可昭日月，朕实在不忍离卿而去，朕为爱卿留下。"

李纲挣脱开众人的手，以头抢地，泣不成声。见此情景，钦宗走过去，扶起李纲，说道："卿亦当专心守城，恪尽臣职，不可有任何疏忽。"

打发走了李纲，钦宗心乱如麻，但离京的想法并没有改变，这只是他的缓兵之计。回到内殿，他又将李邦彦找来继续密谈。

虽然有了前一天的风波，但这天早上到了皇宫，眼前的一切还是让李纲感到诧异。宫殿周围禁卫军林立，他们身穿绯色军服，全身披甲，表情凝重。在另一边，钦宗正乘坐着步辇由文德殿前的廊道往下走。

"怎么回事？"李纲大声问。禁卫军们低下

头，沉默不语。李纲明白了。他不顾一切地奔了过去，喊道："陛下，陛下！"钦宗冷冷地看了他一眼，示意内侍们继续走。

禁卫军一横手里的兵器，拦住了李纲的去路。李纲奋力地推开了他们，直扑到钦宗步辇前，张开双手拦住了他的去路，大声疾呼："事关国家存亡，百姓的生死，陛下不能走！"

钦宗脸色铁青，绞着手指。李纲死盯着赵桓："陛下真的要走，请先斩李纲以谢天下！"

四周一片死寂。李纲环顾四周的禁军将士，他们也在看向他。李纲把心一横，大喊道："禁军将士们，你们是愿意战死汴梁，还是愿意跟陛下一起离京？"

寂静，死一般的寂静。所有人的目光都集中在李纲身上。李纲大声喝问道："将士们，你到底是要死守京城，还是要避敌逃跑？"

"我等愿死守京城，战死疆场！"压抑已久的情绪，如火山般爆发，"宁可马革裹尸，也不苟且偷生！"

禁军将士举起手里的兵器怒吼。呐喊声震天动地。赵桓大惊失色，冷汗顺着青筋凸起的额角流了下来。他用恳求的目光看着李纲。李纲跪下："陛下，臣罪该万死！臣为社稷百姓不得不如此！"

看着跪在面前的李纲，钦宗长吁一口气："爱卿误会了，朕只是去西北搬救兵，并非避敌。"

李纲眼含热泪，声音嘶哑："陛下昨天已经答应臣要留守京城，今天为何又变卦了？陛下一走，京城岂不是要拱手与敌吗？"

钦宗沉默不语，忐忑不安地左顾右盼。他知道，如果禁卫军一旦人心浮动，后果不堪设想。李纲看出了钦宗的心事，为了能让他彻底放弃逃跑的念头，李纲继续陈述利害："陛下，三军将士的父母妻儿都在城中，有谁忍心割舍。如果他们中途思归，那么谁来给陛下保驾？"

这两句话使得钦宗不由得打了个寒战，他明白了，离京出逃其实也非万全之策。李纲进一步分析："敌军已近，若得知陛下西行，必定会快马加鞭尾随而至，到那时，仅凭随行禁卫军如何能抵挡得了金国铁骑？"

李纲这一问，使得钦宗如梦方醒。他这才明

白，逃跑不仅非万全之策，而且实属铤而走险。他让内侍放下步辇，走到李纲面前弯腰将他扶起："卿所言极是，朕明白了，死守方为上策。卿当勉励三军效命，誓与京都共存亡。"

李纲转过身来，对着群情激愤的禁卫军振臂一挥："圣意已决，坚守京师，不容懈怠。自今日起，有敢言弃城逃跑者，杀无赦！"

禁卫军将士齐刷刷地跪下，山呼万岁之声震动京城内外。无论是三军将士，还是布衣百姓都为之感奋。

此时金军进展迅速，完颜宗望已经率军抵达城外西北的牟驼冈。这儿设有宋朝牧养军马的机构——天驷监。在金军到来之前，守军已逃得无影无踪。宗望不费吹灰之力就缴获了两万匹战马，马饲料更是堆积如山。看着一望无际的马群，宗望的心情很复杂，其中自然有胜利者的喜悦，但宋军的腐败也令他心生感慨：一个貌似繁盛的帝国，在遭遇外敌入侵时，竟然兵败如山倒，如此不堪一击！

安营扎寨完毕，完颜宗望登上土冈。此时，李纲正在率领三军盟誓，呐喊声也隐约传了过来。暮色苍茫，大战在即的汴梁城依旧灯火通明，那座城像块透明的琥珀。如果不是亲眼所见，完颜宗望简直不敢相信花团锦簇的汴京，竟然近在咫尺，即将成为囊中之物。

虽然如此，作为久经战阵的统帅，完颜宗望还是感到，即将到来的这场攻城之战，不会像先前那么轻松，等待他的也许是一场恶战。

事实上，在汴梁这边，城防部署正在紧锣密鼓地进行着。参与守城的不仅有正规军，还有主动请缨的市民。李纲在东西南北四门每处配备正规军一万二千人，此外还有辅助部队和民兵武装协助。编马步军前后左右四万人，中军八千人，并明确四门将官的职责。李纲在民众的支持下，修缮楼橹，安排炮座，设置床弩，配备火油，运送滚木砖石，利用有限的时间，做了充分的准备。

这天，李纲正在城头巡视，见到一群军士正围在一起议论纷纷。走近一看，才知道是军器作坊送床弩来了，领头的正是那个老军。李纲上前仔细打量着这几台床弩，问老军："怎么，改行造弩了？"

老军笑道："小人已奉命入弓弩院效命。这几台床弩为小人们所造。"

"既然会造，自然能使。"李纲说，"这些床弩编成一个队，由你统管，去守宣泽门。"

"可宣泽门是水门呀！"老军有些不解。

李纲没接他的话，而是继续往下说："你先回去，把军器作坊里的床弩全数运来，此外多备些铁索、铁钩，一起运到宣泽门。"

正在说话间，李怀兴来了，身边还跟着一个十八九岁的年轻人。小伙子生得浓眉大眼，虎背熊腰，手里提着一根镔铁大棍。没等李纲开口，李怀兴就把小伙子推到了李纲跟前："快见过老爷。"

李纲一愣，但很快就认出来了："李保，长这么大了，真壮实啊！"

李怀兴拱手道："这孩子刚由乡下赶来，非要跟大人守京城。犬子不懂事，您多包涵！"

李纲对李保手里的镔铁棍很好奇，问道："你使这家伙？"

李保憨憨地一笑："自小就练了，大人不嫌弃，我耍来看看。"

李保虽然年少，但身手不凡。那根大棍被他舞得上下翻飞，神出鬼没。李纲看了，禁不住连声喝彩。李保收势，李纲上前使劲拍着他的双肩，说："好样的，跟着我杀敌报国！"

李保来得还真是时候。第二天下午，就有了紧急军情，金军即将发起对宣泽门的攻击。李纲披上铠甲，带上镔铁锏，招呼上李保，一起骑马直奔宣泽门。

宣泽门是城西汴河上的北水门，城门实际是一半浸在水里的木栅栏。李纲到达宣泽门时，金军正在半里路外的河边聚集，他们乘着二十多条船顺流而下。由于是顺风顺水，很快就逼近了城门。金兵点上火把，亮出兵器，呐喊着往栅栏门猛冲。

李纲站在城头看出端倪：金兵是准备用火攻。守城将士们都注视着李纲，焦急地等待着他的命令。李纲立在那儿不动声色，他右手持令旗，左手紧握着挂在腰间的铁锏。金军越来越近，冲在前面的几条船上的金兵把一片片油毡抛到水里，油毡顺水直漂向水栅栏，金兵将火把扔到油毡上。大火熊熊地燃烧起来。

时候差不多了，李纲一挥手上的白色令旗大吼一声："放！"

随着一声炮响，早已埋伏在城外河岸上的几十台床弩，一齐发射。箭头带着倒钩，系着铁索，这些离弦之箭像一条条巨蟒，哗啦啦地窜向金军战船。指挥床弩发射的正是老军，他和军士们早就瞄准好敌船，那些箭头像长了眼睛似的一口咬住敌船。

"拉！"李纲又一挥令旗。河岸上的宋军齐心协力地摇动着床弩上的绞轴，放出的箭，又由铁索牵引着往回收，那些被钩住、钉住的木船纷纷被拖拽到岸边。船上的金兵顿时乱成一团，有的站立不稳掉进了河里，还在的在船上嗷嗷地喊叫着。

"打！"李纲抽出镔铁锏凌空一挥。城头上的宋军一齐将石块、箭矢向敌船倾泻，金军顿时被杀得一片鬼哭狼嚎，几乎无还手之力。没过多久，几十条船尽皆损毁，跳水逃生的金兵，刚从水里露头，就成了宋军弓弩手的活靶子。一时间，哭喊、惨叫响成一片。

李纲指挥守城宋军奋勇杀敌。

金军被这突如其来的痛击打得晕头转向，但乱了一阵之后，渐渐稳住了阵脚。后面的金军不再走水路，而是弃船登岸，呐喊着冲了过来，向城外河岸上的宋军发起了反击。宋军将士毫不畏惧，各持兵器迎上前去，两军短兵相接，混战在一起。

完颜宗望一直站在土坡上督战。看到自己的部队吃了眼前亏，他万分恼火，虽然做好了恶战的心理准备，但甫一接战便损兵折将，还是始料未及。他抡着马鞭抽打随从军校，暴跳如雷。发泄了一通怒气后，他招来中军重新部署：集中兵力，先消灭城外的宋军。

城外陷入苦战，宋军由于先声夺人，所以略占上风，但金兵十分凶悍，他们奋力厮杀，扑向床弩阵地。"不能让贼兵夺得床弩！"老军大声呼喝，"床弩一失，宣泽门必失！弟兄们，死保床弩！"

老军双手持竹节钢鞭奋勇当先。这时，完颜宗望派出的援军赶到，金兵气焰上来了，牛角号呜呜地鼓噪着。老军虽带领将士浴血奋战，但有些力不从心了。这一切，站在城头观战的李纲看得一清二楚，他叫来李保："床弩若失，宣泽门就失去了外围的保护，我们只能坐以待毙，命你速速带队出城增援，一定要击退金兵，保住床弩！"

李保领命后，迅速带兵用绳索顺着城墙滑到了城外，与老军汇合。李保挥舞着铁棍迎向金兵，将士们也如猛虎下山一般冲向敌阵。一个金军将校举着一把铁锤往李保面门砸过来，李保也不避让，举起铁棍以泰山压顶之势直劈下去。只听得"噗"的一声，那金将立时脑浆四溅。

"少将军，当心！"老军在身后大喊。李保觉得脑后有凉风，但他想躲闪已经来不及了。说时迟，那时快，老军在千钧一发之际挡住了李保，猛地将他一推。敌将的剑刺进了老军的后心。

"大伯！"李保大吼。老军口吐鲜血倒了下去。李保双目怒睁，舞着铁棍直取那个金将。敌将还没有来得及将剑收回，李保的大棍已经带着旋风砸到了，敌将闷哼一声，倒在了血泊中。

过不多时，李纲亲自带兵前来增援，他手持四楞铁锏一马当先，宋军士气大振，喊杀声震天动地。金军此战，一败涂地。在土冈上督战的完颜宗望，连忙命部下鸣金收兵。

李纲抱着老军的尸身，心痛如绞，转身面对从宫里赶来打听战况的宦官说道："请转奏陛下，敌军已退，宣泽门固若金汤。此战，斩获敌将两千余人，敌酋二十余人。我军……"李纲泪如泉涌，"我军阵亡军器作坊老军一名……"

夜袭不利　错失良机

　　靖康元年（1126）二月，春寒料峭。李纲一身戎装，伫立在城头焦急地等待着，他的身边还站着老将军何灌和家将李保。城外黑沉沉的，唯独在地平线处有星星点点的亮光闪烁，那儿应该是金人的军营。月黑风高，风吹着城头的战旗呼啦啦作响，风还送来城下打更的军士敲击梆子的声响。一只寒鸦突然从城楼的檐下飞向夜空，发出刺耳的啼鸣。这声音使得李纲心生忧虑，他握紧了腰间的镔铁锏，对何灌说："姚将军去了有段时间了，怎么还没有动静？"

　　在宣泽门吃了苦头以后，完颜宗望知道宋军不好对付，经过李纲整顿的汴梁城防已今非昔比，这让完颜宗望既沮丧，又深感骑虎难下，硬攻，怕是还要吃亏；耗下去吧，粮草补给是个问题。假如宋军勤王部队赶到，来个前后夹击或者反包围，那时候怕是连家都回不去了。正在进退两难之际，谋士给他出了个主意：差遣说客吴孝民去汴梁摸摸宋朝皇帝的底，速战不成，还可以讹诈，或者诱降嘛。

完颜宗望别无他法，同意了这个建议，派遣吴孝民出使宋朝。这个吴孝民本是汉人，他机诈善辩，巧舌如簧。吴孝民见到钦宗后，又把张觉事件拿出来絮叨了一遍。这张觉原为辽将，后来投降了金国，但不久又叛金投宋，这其实是有违宋金两国盟约的。

钦宗端坐在龙椅上，虽然忧心忡忡，但还能不动声色，他说："两国之间本有盟约，刀兵相见纯属误会，化干戈为玉帛才是两国的福祉。"

吴孝民把话锋一转："先前是上皇受了奸佞蒙蔽，现在新陛下登基了，情形自然今非昔比。大金国向来宽宏大量，二皇子（完颜宗望）特命我来消除误会，重修两国旧好。大宋如果有诚意，那就派亲王、宰相去我们那儿，亮亮堂堂地谈事情，如此，您就是化干戈为玉帛的一代贤君。"

钦宗一时拿不定主意，便对吴孝民说此事还需与朝臣商议。吴孝民见钦宗似有妥协之意，也不着急，于是便起身告退。

打发走了吴孝民，钦宗便又把大臣们召集到文德殿，商议对策。宰相李邦彦、张邦昌都认为，金国此次无疑是为求和而来，这是天赐的良机，只要派使臣去金人那边接洽，京城便可转危为安。听了李、张二人的话，钦宗苍白的脸上有了点血色，露出了难得一见的微笑，他转而问郑望之和李梲（zhuō）："两位爱卿以为如何？"

郑、李二人都是谄媚之徒。他们高举笏板附和道："陛下圣明，吾皇万岁万万岁。"

钦宗满意地点点头，最后把目光投向了李纲："李爱卿以为如何？"

"陛下，臣以为不可。"李纲的声音不大，却极具震撼力。

李纲说："金人南下就是要亡我大宋，议和根本没有诚意。上次他们在宣泽门吃了苦头，知道强攻不行，就行骗使诈，一样是图谋我锦绣河山。金国特使吴孝民数典忘祖，完颜宗望派这样的人来面见陛下，简直就是对我大宋君臣的羞辱！"

李纲顿了一下，又说："臣主战，只有痛击来敌，才能解汴京之困，否则我君臣难以安枕，百姓还要饱受战乱之苦。"

钦宗仰面看着宫殿顶上的藻井，过了好一会儿，他才说："各地的勤王部队还没有到，议和势在必行，哪位臣工愿意为国家社稷去走这一趟？"

李纲说："如果陛下议和主意已定，那就派臣去吧。"

钦宗一反常态，他板着脸对李纲说："卿太刚烈了，你去，金人不会高兴。"停了一下，他欠了欠身子，又说："卿先退下吧。"

"京城的安危在此一举，如果派一个懦弱之人去，要误国的！"李纲据理力争。

钦宗不再说什么了，只是摆了摆手。他的日子实在很不好过，想逃逃不了，要打又没个底气。突然间来了这么多事儿，要他应对如此巨大的危机，实在是力不从心……总之，一个字，难。他本就体虚，当了皇帝以后日日担惊受怕，此刻更显憔悴。

李纲才退下，他便冒起了虚汗。

一直察言观色的李邦彦不失时机地献媚："微臣无能，不能为陛下分忧，罪该万死。"

钦宗不耐烦地挥了挥手："说吧，谁去金人那儿议和最合适。"

李邦彦当然不会自找麻烦，他把这个烫手的山芋扔给李棁和郑望之。这正中钦宗的下怀，他立即任命李棁和郑望之为正副使臣，去跟完颜宗望谈判。临行前，钦宗还让他们带了一万两黄金作为见面礼。

回音很快传回，完颜宗望开出的停战条件是：宋朝对金称臣，并缴纳金五百万两，银五千万两，牛、马各万匹，缎百万匹；宋朝割让太原、河间、中山三镇，此外还要亲王、宰相做人质。听到这个消息，钦宗又召群臣议事，一石激起千层浪，面对金国的狮子大开口，大臣们有的惊慌失措，有的义愤填膺，还有的低头叹息，沉默不语。

在混乱之中，李纲倒是很镇静，因为这个结果本是在他意料之中的。他奏道："金人狼子野心，无意和谈，求和本就是一厢情愿，按照现在的情势只有备战迎敌，如果再一味妥协退让，我们将无颜面对列祖列宗了。"

钦宗瘫坐在龙椅上，脸色如纸。他一边擦拭着脸颊上的汗，一边用目光在朝臣中探寻，最后他盯住了李邦彦："李相公是朝中重臣，理应为社稷分忧。"

"臣以为只要金人肯退兵，可以先答应他们的要求，然后再从长计议。"李邦彦慢吞吞地说。

李纲的脸陡然涨得通红，他往前迈了一步，大声说道："陛下，臣以为金人所提实是亡国条约，这些金帛不说是京城，就是举全国之力也无法凑齐。金军南下，百姓遭殃，如若再搜刮民财，岂不是要将百姓逼上绝路！此外，太原、中山、河间三大镇是中原屏障，割让给金人，大宋将无险可守，国家危在旦夕！"

他转过脸对着李邦彦怒目而视，厉声道："李大人身为宰执，举足轻重，却不知为国分忧，反欺蒙陛下，到底居心何在？"

李邦彦白皙的脸上掠过一丝阴狠，他反唇相讥道："李大人所言差矣，居心不良的正是你啊，京城都不保了，要三镇有什么用？李大人一味好战，其实是想自己青史留名，而置陛下和社稷的安危于不顾，古今佞臣莫不如此。"

李纲气得胡须直颤，他指着李邦彦说："金军孤军深入，犯了兵家大忌，只要我大宋君臣勠力同心，必能克敌制胜，李大人怎会不明白其中的道理，你这样一味奉迎，颠倒黑白，跟蔡京、童贯有何不同？"

大臣们分成了两派，绝大多数支持李纲，但也有一部分人站在李邦彦这一边，双方针锋相对、各不相让。最后停止这场争论的还是钦宗。钦宗说："先谈判吧，否则金军攻城，就要玉石俱焚了。"他颁下旨意：命康王赵构和宰相张邦昌去金营为质。

过了一段时间，种师道、姚平仲两位将军奉诏勤王，兵马已经到了汴梁城外。种师道和姚平仲都是西北名将，在征讨西夏的战役中立过大功。年过七旬的种师道更是能征善战、德高望重，他们的到来无疑使抗金的实力大增，宋军士气大振。

不出半月，其他的勤王部队也陆续抵达汴梁城下。这样，京城内外的宋军共有二十余万，而完颜宗望那边不过六万人马。这使得处于进退维谷之际的钦宗为之一振，并且开始倾向于主战的一方。

这天午后，钦宗召集文臣武将商讨军事。李纲带领一班大臣早早在殿外迎接种师道和姚平仲。两位将军刚到，李纲便大步上前施礼，种师道、姚平仲连忙还礼。李纲对他们说道："京城百姓见到种将军和姚将军真如大旱逢甘霖啊。"

寒暄过后，李纲问种师道："老将军对当下的战事有什么高见？"

种师道说："敌军孤军深入，犯了兵家大忌，我军宜坚壁不战，消耗其给养，趁其疲惫再集中优势兵力发起攻击。"

李纲紧握着种师道的手，兴奋地说："老将军不愧是一代名将，运筹帷幄、克敌制胜非老将军莫属。"说罢，二人一起开怀大笑起来。

文德殿里薰香缭绕，钦宗满面春风。今天，他把李邦彦晾在了一边，除了对种师道、姚平仲慰勉有加，还对李纲进行了一番赞许。然后让内侍取出两件战袍，亲自离座给两位将军披上。种师道、姚平仲叩头谢恩，山呼万岁，姚平仲几近哽咽。

讨论到战事，李纲便把与种师道的共识向赵桓陈述：固守京城，不主动求战，敌军粮草不济自会撤退，到那时宋军再出奇兵追击，定能大获全胜。种师道则强调：三镇不能弃，城下不可战。

李纲和种师道的建议出乎钦宗的意料，他轻轻地咳嗽了一声，便不言语。这时，姚平仲说："陛下，末将认为速战速决最好。趁敌军疏于防范，偷袭其军营。最好就在今晚。末将不才，愿救出康王殿下，活捉完颜宗望！"

钦宗的脸上露出了笑容。一直没有说话机会的李邦彦开口了："姚将军不愧是名将，真是妙计安天下呀，李大人，你看呢？"见李纲没有立即答话，李邦彦又说："李大人一向主战，今天怎么不言语啦？"

李纲没理李邦彦，而是对钦宗说："夜袭敌营是个好办法，但需要周密部署，以保万无一失。今夜出击，仓促了一些……"

姚平仲打断了李纲的话："用兵当出其不意，况且将士们日夜兼程赶至京师，士气正旺，此时不出击恐怕会生出不满，如有变故那就麻烦了。"

姚平仲的话，让钦宗心里一颤，他伸手轻轻地擦拭着额上的冷汗，说："就依姚将军，今晚奇袭敌营。"

种师道长叹了一声，便沉默不语了。李纲说："如果陛下决定这么做，那就派臣做接应，这样也有个防备。"

钦宗点点头："也好，何灌老将军的部队正在城外待命，你与他联络吧。"

当晚，二更刚过，姚平仲便带兵出城夜袭金营。李纲送他到城门口，反复嘱咐："金军是虎狼之师，姚将军切记要小心谨慎。"

送走姚平仲，李纲就立在城头观望。时间一点一滴地流逝。一旁的何灌将军说："李大人先去休息会儿吧，有末将在此守候就行了。"李纲心神不宁，他紧皱眉头，说道："都快四更了，有点不对头。"

话音刚落，远处地平线处的点点亮光跳动起来，而且在聚集，越聚越多，密密匝匝。很快它们又铺展开来，散成一大片，往城这边移动。几乎是同时，喧哗声从远处传来，是军队的喊杀声！

"不好！"李纲大声道，"何老将军，你快命部队集结！"

喊杀声越来越大，亮光也越来越近，李纲看到了溃败的宋军和在身后追杀的金军。金军肆意砍杀，骑兵屠戮着宋军将士，一路直往景阳门方向杀过来。

李纲带着李保刚到城下，就收到了钦宗的旨令：姚平仲夜袭不利，中了金军的埋伏，下落不明，李纲速率军阻击来犯金军。李纲领旨后，命令军校飞马通知何灌领兵迎敌，自己带着守城军士直奔景阳门。

"开城门！"李纲上马，挥着手里的四棱镔铁锏大喊道，"将士们，尽忠报国就在今日了！"

李纲一拍战马，率先出城，迎着汹涌而来的金兵冲了上去！将士们看到李纲身先士卒，都血脉偾张，一齐奋不顾身地呐喊着杀进敌阵。李纲马快，直奔金军旗手。对方还没有来得及反应，就被李纲一锏抽到马下。金兵没料到宋军会主动出击，一时间措手不及，立时大乱。李纲趁机率队发起冲锋。

面对夜袭失利，李纲一马当先冲向敌军，力挽狂澜。

金军的后续部队赶了上来，重新排兵布阵，组织反击。金兵中有人认出了李纲手里的镔铁锏，一齐叫嚷着蜂拥过来："李纲，是李纲，活捉李纲！"李保带着军校们冲了上去，拼死保护李纲。双方杀得天昏地暗、血肉横飞。

就在这关头，一支宋军从金军的侧翼杀了过来。为首的正是何灌老将军，他挥舞大刀，带领骑兵硬是将金军拦腰切成两段。围着李纲的金兵发现后路被截，连忙回过身来对付何灌。

这场混战一直杀到拂晓，宋军越战越勇，金兵渐渐支撑不住了，开始后退，李纲所部终于跟何灌的人马汇合了。李纲四处寻找何老将军身影，这时，一个军校跌跌撞撞地跑了过来，禀报："李大人，何将军为国捐躯了！"

何灌仰面朝天地躺在地上，头枕着大刀。他身中四箭，满脸是血，但双目圆睁，直盯着破晓的天宇。李纲跺脚呼道："何老将军，何老将军！"

增援的弓箭手赶来了。李纲挥着镔铁锏大吼："放箭！放箭！"

宋军的神臂弓发挥了威力。金军纷纷中箭落马顿时溃不成军。

钦宗也是一夜没睡。他脸色蜡黄，萎靡不振，见到了李纲，只是抬抬手说："李大人今夜辛苦了。"

李纲双目含泪，说道："陛下，何将军为国尽忠了！"

钦宗点点头："知道了。"他一动不动地呆坐在那儿，沉默良久才说："姚平仲丧师辱国，畏罪潜逃，罪不容诛；何灌将军忠勇盖世，舍身为国，应该予以褒奖。"

李纲流下了热泪："陛下，何老将军死得其所！"

种师道和其他大臣都低头饮泣，钦宗也抽噎了两下。大臣都跪了下来。李纲擦干了泪说："臣有一计不仅可以为何将军报仇，还可以解京城之围，救出康王殿下。"

"说吧。"赵桓有气无力道。

"今夜再袭敌营，定能攻其不备，战而胜之！"李纲道。

"好计策！"种师道拍掌叫好，"昨晚袭击失利，金军怎么也不会想到今夜我军再来偷营，出其不意，我军必胜。"

钦宗眨着浮肿的眼睛，盯着李纲说道："何老将军刚刚阵亡，士气受挫，朕的心里也很不好受，打仗的事以后再说吧……李大人，你要休息了。"

李纲和种师道从文德殿退出来的时候已经过了正午。路上，众人心头阴郁，种师道叹息道："机不可失，时不再来……可惜了。"

他们出了皇城，一起登上城楼，眺望远方。远处乌云正在向汴梁城这边积聚，凄风冷雨即将到来。李纲再也忍耐不住，他用力拍打着栏杆，仰天长啸："错失良机，误国害民……可叹，可恨！"

再遭罢黜　　汴梁浩劫

　　自从姚平仲偷袭金军失利后，形势就一直不妙。钦宗不仅罢免了李纲，甚至一度打算将他绑赴敌营请罪，要不是陈东率领太学生上书抗议，李纲也许已经人头落地了。此后，李纲虽然官复原职，完颜宗望也在获取割让"三镇"的诏书后退兵了，但钦宗没有听从李纲、种师道的建议出兵袭击后撤的金军，致使宋朝失去了一次扭转颓势的机会。没多久，金军撕毁和约，又一次南下。惊恐之余，钦宗罢黜了主和的李邦彦，但几个月以后，李纲和种师道又被夺去兵权。而且，李纲被外调出京，又因"专主战议，丧师费财"连遭贬谪。

　　靖康元年（1126）八月至十一月，金将完颜宗翰和完颜宗望分左右两路大举攻宋，连克太原等重镇，顺利渡过黄河，发起了对汴梁的第二次进攻。金军且战且谈，不停地向宋朝勒索金帛，还四处劫掠百姓。这次，他们的胃口更大，要以黄河为界，将河东、河北之地全都纳入金国版图。

这时的李纲，正在去往宁江（今江西九江）任职的路上，随行的是李怀兴和家将李保。

他们走的是水路，逆风。船家撤了帆，合力撑船，他们唱的清亮的号子在宽阔的水面上回荡。李纲打开船舱的窗户，冷风直灌了进来。李怀兴取来披风给李纲披上："大人，天冷，小心着凉。"

"转眼又一年过去了……"李纲颇有些感慨地自语道，"战乱不止，天下何时才能太平？"

李怀兴道："大人思虑太过，如此下去会忧虑成疾的。"

李纲和李怀兴来到舱外。河上大小船只来来往往，岸上的行人中有不少是难民，他们衣衫褴褛，扶老携幼。李纲长叹一声："如今我尸位素餐，立德不成，立功又不成，实在惭愧啊！"

中午，船靠了岸。李纲和众人一起上岸用餐。

刚走到街上，一群难民便围了过来伸手乞讨："大官人，给点吧，行行好，给点吧，我们都饿得撑不住了……"护卫挥着刀杖上前驱赶，李纲连忙拦住，吩咐李怀兴取出一两贯钱分给难民。

"杯水车薪，无济于事。"李纲看着散去的难民摇头叹息。

吃完饭，他们骑着马继续赶路。李纲问李保："去宁江还有多远？"

李保不吭声。过了一会儿，他才说："大人为了国家出生入死，最后却落得这般下场。世道也太黑了，干脆不去宁江了，辞了官回家享清福吧。"

李纲拉下脸来，喝道："胡说，为臣者，岂能逃避责任？为国效忠是我等本分。李纲何德何能，衣来伸手饭来张口，却不能为百姓谋福祉，纵死亦有余恨。"

就在说话的当口，远处传来了杂沓的马蹄声，街上的行人纷纷往两边躲闪，转眼就有五六匹马飞奔到了李纲的跟前，为首的是一位宫里的内臣，他虽然身着锦衣，却满脸是汗、风尘仆仆。

一路上，这样的事，李纲已经经历过不止一次了，但这次与以往有所不同：皇帝任命他为资政殿大学士，领开封府事，并要他接诏后立刻回京。这几年，李纲也算是饱经沉浮、处变不惊了，但此刻他有了强烈的不祥预感。

"请教中贵人，京城情况如何？"他迫不及待地问那个内臣。

"金军兵临城下，汴梁危在旦夕！"内臣白胖的脸抽搐着，声音颤抖地说。

然而实际上，李纲接到诏命之时，汴梁已经沦陷。

这一天的汴梁城虽是雪后初晴，却充满了肃杀之气。钦宗又要去金营了，此前，在金人的威逼下，他已经去过一趟，在饱受羞辱和惊吓之后侥幸脱身。他深知此行凶多吉少，也许会一去不复返。当他乘着步辇离开皇宫的时候，忍不住频频回首，心酸的眼泪簌簌地落了下来："悔不听李纲、种师道之言，这才有了今日局面。"他多么希望李纲会突然出现在面前啊。

一旁的吏部侍郎李若水也潸然泪下："君辱臣死，臣等誓死保护陛下。"

出了皇城，钦宗离开步辇改乘马。雪已经融化，道路泥泞，泥浆溅在钦宗的龙袍上，他勒住马，不想再走。京城四壁都巡检使范琼催促道："陛下，走吧，耽搁了时间，金人要怪罪的。"

钦宗看了范琼一眼。这个人几天前还点头哈腰、阿谀奉承，现在完全换了副嘴脸，竟然敢狐假虎威，胁迫起皇帝来了。

就在这时，集结在城外的百姓们看到了钦宗，一起跑了过来。"陛下，陛下这是要去哪里？去金营吗？""陛下，金营千万去不得呀，那地方是虎穴、是狼窝！"

范琼一提马，来到众人面前："嚷什么，闹什么？陛下这会儿出去，晚上就能回来了！"

人群中有人放声大哭，有人大骂："奸贼！范琼，你这卖国求荣的奸贼！"

他们捡起街边的砖块瓦砾扔向范琼。有几个大胆的扑了过来，拦住了钦宗的去路，不顾一切地拽着他的马辔头："陛下，千万不能离开皇城，这一去就难回头了呀！""金人一向不讲信用，陛下必定受害，我们都要做亡国奴了！"

范琼一拧眉头，一咬牙，"唰"地抽出宝剑，照着那些抓着马辔头的手剁了下去！顿时鲜血飞溅。惨叫声、哭号声、咒骂声混在一起。这时，太阳已经升到了半空中，映照着大地，映照着残雪，京城内外一片血红色。

　　李纲接旨后便立即赶往潭州府衙，与地方官员商讨集结军队、率师返京勤王的事宜。另外，他还命李保去打探东京的消息。等李保出发以后，天已经黑了。李纲草草地吃了饭，便带着一班人快马加鞭地前往军营。李纲跟将校们做了简单的交流以后，便命他们派出精干的军校去往周边地区联络，命各地的禁军和厢军火速集结。李纲决定一边北上，一边沿途召集军队，以最快速度赶往京师。"

　　李纲带部队拼命赶路昼夜不停，到天明的时候，他们来到山谷下，这儿有一片开阔地。李纲下令休息，埋锅造饭。就在这时，一匹快马从前面飞奔过来，马上正是李保。

　　李保跳下马，跪倒在地放声大哭："大人，完了，全完了！"

　　李纲忙命人把李保扶起："不要哭，快说，京城如何，陛下如何？"

"京城沦陷，陛下和太上皇都被金贼抓走了！"

李纲不敢相信自己的耳朵，他喝问道："满朝文武难道全都坐以待毙？就没有一个人挺身而出吗？"

"逆臣范琼领着贼人进宫，带走了太上皇。奸贼张邦昌卖国求荣，对金人百般奉承！"李保强忍悲声说，"吏部侍郎李若水大人宁死不降，大骂金贼，被他们割舌断颈，残忍地杀害了！金人还说……"

"说什么？"

"他们说，辽人亡国的时候，还十几个文臣武将为国尽忠，堂堂大宋朝白养了这么多的官，紧要关头只有一个李侍郎算是忠臣！"

李纲撕心裂肺地大叫一声，一口鲜血喷涌而出。

钦宗此时正如自己预感的一样，一去金营就被监禁了起来。走到这一步，钦宗已经不恐惧了，相反的是他感到终于解脱了。他想：也好，自此就听天由命，算计、谋划都用不着了。他虽懦弱，但却聪明。他对张邦昌、范琼之流的变节丝毫也不感到意外，帝王之术使他从来就没把这类大臣当作人看过。他何尝不知道李纲、种师道他们忠心耿耿，但他没有能力改变积弊。

金人逼迫他脱下龙袍的时候，李若水抱着他又喊又哭。他嘴上没说什么，心里却想：我都不在乎，你哭什么。他目睹了李若水被金人虐杀的整个过程，李若水至死骂声不绝。他想：这就是读书人，太祖当初以重文轻武为国策真是深谋远虑，看看吧，这就是读书人。他转念又一想：不对，张邦昌、李邦彦也是读书人……可见读书人之间还有区别。

汴梁如同鬼城。火舌翻卷，滚滚的浓烟遮天蔽日，曾经花团锦簇的京城变得暗无天日。金军能抢的就抢，抢不走的就放一把火烧掉。金兵和一些趁火打劫的游兵散勇在城里狼奔豕突，奸淫掳掠无所不为。眼泪、喊叫全都无济于事，贼兵们全都铁石心肠，所到之处见东西就抢，见人就杀，不分青红皂白。刀光剑影，血肉飞溅，昔日车水马龙的街道成了杀人的屠场。

皇宫里也是浓烟滚滚，很多宝物、典籍都被金人纵火焚烧。风吹来，纸灰漫天飞舞，然后又纷纷落下，像是一场黑色的雨。金军除了劫掠金银财宝外，还抢走了皇帝的玉玺、仪仗、乐器、祭器、珍贵古器，抓走了百工、内侍、医仆和后妃、亲王等贵族。靖康二年（1127）二月，金国皇帝下令将徽钦二帝废为庶人，北宋王朝就这样灭亡了。

三月，金兵准备离开汴梁，临行前封张邦昌为傀儡皇帝，建国号"楚"。接着，他们胁迫着徽宗、钦宗和成群结队的王公贵族北归。北风依然在肆虐，今年的春天比去年还要寒冷。钦宗看着茫茫的前途，满腹凄凉。他虽然才二十多岁，但心已经老了。他明白，此一去，算是与汴梁永别了。尽管如此，他还有一线希望，那就是李纲。他自语道："一招走错，满盘全输，李纲，你还能力挽狂澜吗？"

此时，李纲已经在潭州卧病一个月了。李怀兴衣带不解地服侍着，经过调养和医治病情才略有好转。这天早晨，李纲感觉精神好些了，便在李怀

靖康之变，金人掳徽、钦二帝北返，北宋灭亡。

兴的搀扶下到后院散步。仲春时节，北雁南归，草木长出了碧玉般的新叶，鸟雀也在枝头动听地啁啾着。但这些都不能让李纲的心情愉悦起来。他凝视着花草，自言自语道："感时花溅泪，恨别鸟惊心。山河破碎，民不聊生，以后该怎么办？"

李怀兴安慰他："来日方长，大人要为复国保重身体。"

李纲长叹一声："皇室宗亲被金贼劫走，要想复国谈何容易。"

李怀兴低头不语，过了一会儿，他突然想起了什么，说道："老爷卧病在床的时间长了，怎么会忘了康王殿下？"

李纲眼睛一亮，为之一振。他抚掌叫道："对呀，还有康王殿下！"

李纲一下抖擞起精神来。他当下命人四下打探康王赵构的情况。不久就有人来报：康王现在济州一带，正在跟老将宗泽谋划复国大计。得知这个消息后，李纲的病像是全好了。他立即整顿潭州兵马，设法与赵构取得联系。

转眼到了初夏时节。这天，李纲督导将士们

操练完毕，他身披夕阳面朝汴京的方向，独自伫立。良久后，他吟诵道：

> 塞上风高，渔阳秋早。恫怅翠华音杳。驿使空驰，征鸿归尽，不寄双龙消耗。念白衣、金殿除恩，归黄阁、未成图报。　谁信我、致主丹衷，伤时多故，未作救民方召。调鼎为霖，登坛作将，燕然即须平扫。拥精兵十万，横行沙漠，奉迎天表。

赵构登基　复出拜相

　　赵构的机遇可以说是金国给的。若干年后，他退处德寿宫，以寄心于翰墨打发余年。当回首往事的时候，他对金人似乎并无切齿之恨。

　　完颜宗望围攻汴京，康王赵构和张邦昌作为人质去了金营。在姚平仲夜袭失败后，钦宗就应金国人要求，用肃王赵枢把赵构和张邦昌换了回来，赵构也因此躲过一劫。

　　金军第二次围攻汴京，赵构正在济州，领兵八万。于是，钦宗便任命他为河北兵马大元帅，宗泽为副帅，起兵勤王。虽然宗泽率领宋军连战连捷，但终究晚了一步。等听说徽钦二帝被俘后，宗泽曾经打算带兵截断金军后路，救出徽钦二帝，无奈孤掌难鸣，只好眼睁睁地看着金人满载而归。

金人这一撤，还带走了宋朝的皇室宗亲。这样，赵构就成了赵家留下来的正统血裔。要复国，他便是不二人选。四月，赵构下令在南京（今河南商丘）南门外的幸山筑"中兴台"。五月初一，他登台遥拜汴京，并对天盟誓：复兴大宋王朝，迎回徽钦二帝，还有他的母亲——韦氏。他泪流满面，动了真情。

随后，赵构又在"中兴台"受宝，登基称帝，是为宋高宗。登基大典结束后，高宗宣布大赦天下，那些认贼作父的奸佞，像张邦昌、范琼之流都得到了赦免。此后不久，张邦昌便来到南京朝贺称臣，高宗封他为太保。

刚做了皇帝的赵构当然要履行"复国""中兴"的承诺，理当重用那些反金抗敌的忠勇之士。他自然想到了李纲，新朝廷必须由这样的人来支撑。经过一番权衡，高宗任李纲为尚书右仆射兼中书侍郎。同时，他又与黄潜善、汪伯彦等主和大臣亲近，并委以重任。高宗虽然年轻，但聪慧沉着，而后的执政经历证明，他很适宜当偏安一隅的皇帝，在玩弄权术这方面，他远胜过徽宗和钦宗。

李纲任命的诏令刚下达，汪伯彦、黄潜善等一众主和大臣便连番上疏，要高宗更改任命，但都被高宗一一驳回。但他们仍不死心，又拟划其他阴谋……

李纲一接到任命诏书后，便和家将李保率领在宁江操练好的兵马日夜兼程赶往南京。这一天，他们到了太平（今安徽当涂），李纲命令部队在此休整两日后再继续赶路。

晚上，太平县令在私宅安排下好酒席为李纲接风。李纲无心宴饮，只礼节性地浅酌了几杯，便询问南京那边的消息。县令叹息道："昨天下官的一个同窗刚从南京回来，说陛下登基后，张邦昌便去称臣朝贺，陛下封他为太保……"

李纲奇道："张邦昌曾是金国扶植的伪皇帝，实属乱臣贼子。陛下封他做太保，就不忌惮朝野的非议吗？"

"张太保与汪伯彦大人交好，陛下对汪大人十分倚重。"县令放下手里的酒杯说，"陛下大概也是为了顾全大局吧，惩办了张太保，势必与金人交恶……毕竟二圣和皇太后还在北边。"

回到馆驿，已经过了二更。屋外明月如霜，好风如水，夏虫呢喃，但李纲闷闷不乐。李保服侍他漱洗以后，便请他早点休息。李纲说："国事如此，哪能安寝？"

李保安慰他："大人是能臣，去了南京以后，一定能改变局面。"

李纲在屋里来回地踱步，叹道："陛下刚登基，本是百废待兴，谁料到竟然让奸黠之人有机可乘。"他一转身对李保说："快取笔墨来，我要给陛下写奏疏。"

写完后，李纲立即差人将奏疏送了出去。然而几乎是同时，李纲就收到了御史中丞颜岐写来的信。信的内容大致是：金人一直在寻机发兵，如果主战的李纲做了宰相，必定会引得金人南下征讨，如此一来，不仅朝廷危险，黎民百姓又要惨遭涂炭。颜岐要李纲以天下苍生为念，不可贪恋权位，不来南京最好，如果一定要来就当着皇帝的面辞去官职，这样才算是为忠良之臣。

李纲看完信以后，陷入了进退两难的境地。他思前想后，最后决定还是先去南京。一旁的李保忍不住说："新朝廷也是小人当道，大人这一去又是吃力不讨好！"

李纲笑了笑，说："李保，我来问你，你可知道本朝哪位贤人在太平县做过县令啊？"

李保摇摇头，憨憨地一笑。李纲继续说："滕子京曾在此地为官。他在谪守巴陵之时，重修岳阳楼。范文正公为之撰文《岳阳楼记》——这篇文章我教过你的……"

"记得！"李保一拍脑门，"不以物喜不以己悲，居庙堂之高则忧其民，处江湖之远则忧其君……"

"记得就好，那我们还是抓紧时间赶往南京吧！"李纲微笑道。

离南京还有六十里地，朝廷发来诏令，令军队在原地扎营休整，李纲进京面圣。李纲带着李保等几个随从又走了二十来里的路程。他们来到一座村庄，李纲正打算差李保进村问路，突然前面传来一阵呼救声，一伙村民们慌慌张张地往他们这边奔了来，边跑边喊："快跑，快跑，强盗来啦！"

李纲勒住马定睛一看，有二三十个土匪正在后面追杀村民，几个跑得慢的被他们赶上砍倒。李纲正要策马上前，李保已经抢先挥着镔铁大棍冲了过去，三下两下就放倒为首的几人，但强盗毕竟人多，他们一拥而上，将李保团团围住。好汉难敌双拳，李保有点吃力了。就在这时，从村里杀出一小队人马，领头的是一个年轻的将领，他手持大铁枪，连挑带刺、左冲右突，片刻工夫土匪就被他打得落花流水。侥幸没被杀死的，撒腿就跑。

年轻将领没有追赶，而是径直来到李纲面前，一拱手："敢问是李纲大人吗？末将岳飞，奉命在此迎候。末将来迟一步，让李大人受惊了，万望恕罪。"

李纲连忙下马，还礼道："原来是岳将军，将军威名远扬，今日一见果然名不虚传！"

对于岳飞，李纲已有耳闻。他仔细打量着眼前的这位年轻将领，从心底里喜欢。岳飞体格健硕，头戴笠形盔，身穿连环甲，蚕眉凤目，浑身上下透着凛然正气。

李纲和岳飞并辔而行。李刚问道："将军现在

李纲初见岳飞，见其仪表堂堂，心中十分喜爱。

哪里高就？"

岳飞答道："现在宗泽将军麾下听命。刚才那些蟊贼多是游兵散勇，他们靠打劫为生。最苦的要算百姓了，金兵来的时候，烧杀抢掠，现在又被蟊贼祸害。"

李纲沉思了一会儿，说："抗金势在必行，剿匪安民也刻不容缓。当今圣上如能察纳雅言，不忘靖康之耻，奋发图强，我大宋定能恢复往日的升平景象。"

距离南京城还有五六里路时，岳飞与李纲道别："末将另有军务在身，就只能护送到这儿了，接下来一段路很太平，李大人放心吧。"

李纲有些不舍："将军年轻有为，将来定能鹏程万里。万望将军以天下苍生为念，锐意进取，虽百折而不挠，如此，必能建旷世奇功。"

岳飞一拱手："李大人的教诲末将铭记在心，末将虽位卑官小，但不敢忘了为臣本分，我已打定主意上书陛下，恳请陛下亲贤臣远小人，坚持抗金，重整我大宋锦绣河山！"

看着岳飞远去的背影，李纲眼眶一热。他觉得虽然眼下有很多困难，所幸有岳飞这样的年轻一代，国家还是有希望的。他回身招呼李保，策马扬鞭直奔南京。

高宗在内殿召见了李纲，此时已是半夜。高宗命内侍赐座，然后说道："李大人一路风餐露宿，辛苦了。"

"臣无德无能，蒙陛下抬举，已经是感恩戴德，而今又得识圣颜，实属三生有幸。"李纲回道。

高宗二十上下，身穿白色常服，头戴黑色展脚幞头；面白如玉，目似朗星。李纲看着他，不由得泪流满面，"陛下真乃明主，我大宋朝有望重整旧河山，黎民百姓又可再享太平盛世了。"

也许是被李纲的话所感动，高宗也流下了眼泪。等到情绪都平复下来，高宗才说："卿是忠义之士，是智勇双全的干臣，朝廷有你辅政，大宋必定前途无量。"

李纲离座深施一礼："陛下，臣德不配位，难以承担重任。况且臣力主抗金，如果言行不当，会给陛下招惹事端，给黎民带来灾祸。"

高宗很快就明白李纲意有所指，尽管如此，他还是故作懵懂："卿这是哪里话来？卿是国家栋梁，是朝廷急需的人才。"

"颜大人有信件在此，请陛下明察。颜大人以为臣不为金人所喜，担此要职实有不妥。"李纲从袖口里取出颜岐的信件，呈递给高宗。"《易经》云：德薄而位尊，智小而谋大，力小而任重，鲜不及矣。如果拜臣为相，必使朝廷弊端丛生，臣以为万万不可。"

高宗打开信件草草地浏览了一下，便笑道："卿过虑了，颜爱卿也是为了朝廷社稷，只是与卿政见不同而已。卿辅政势在必行，此位非卿莫属。"

李纲叩头谢恩："谢圣上隆恩！臣定当尽心尽职，效犬马之劳。"

李纲接着说："臣力主抗金，并非臣好战，只是金人无道，不讲信用。现在的局面皆因我大宋对敌国心存幻想所致，所以只有抗金到底，才能求得生存。唐朝名相姚崇曾提出十条治国主张，臣虽不能跟姚崇相比，但也有十条主张，请陛下明鉴。"

李纲的十条主张是以抗金建国为宗旨，请求朝廷破格重用抗金将士，严惩张邦昌之流的奸佞。李纲还力请高宗回师北上，还都东京。陈述完自己的主张，李纲又说："除了要惩办奸佞，还需网罗人才，不拘一格提拔年轻才俊。臣在赴京途中曾蒙岳飞护送，此人器宇轩昂、谈吐不凡，而且武艺高强，假以时日必能担当重任。"

高宗点头道："朕也听说过此人。"沉吟了一下，他又说道："李相所言都是为了社稷安危，但国之大事非同小可，容朕与群臣从长计议。天快亮了，李相一路鞍马劳顿，先回府邸，十条主张四日后朝中再议。"

李纲回到府邸，已是黎明时分，一缕清风迎面拂来，李纲顿觉神清气爽。此时，岳飞的音容笑貌又一次浮现在他的眼前。他想：国家从来不缺忠义之士，只要君臣摒弃私心，同心同德，国泰民安不久就能成为现实。想到这儿，他连早饭都顾不得吃，便铺纸提笔，拟写改革军制、募兵买马的奏章。

弹劾张逆　力主北归

　　一场骤然而至的暴雨并没有打断归德殿里的激烈争论。殿外风雨交加，电闪雷鸣；殿内群臣们各持己见，针锋相对。这次群臣争论的焦点是对张邦昌的处置。李纲首先提出：姑息养奸贻误国事，像张邦昌这样认贼作父的奸邪之徒当严惩不贷。李纲的话犹如一石激起千层浪，绝大部分的大臣都支持李纲，而汪伯彦、黄潜善之流却站在了李纲的对立面。

　　自从朝廷决定任命李纲为相以来，张邦昌就一直装病，但暗地里与汪伯彦、黄潜善等人相互勾结，狼狈为奸。张邦昌在金人的庇护下做伪楚的皇帝之后，便成了人人喊打的过街老鼠。正在进退维谷之际，传来了赵构准备登基的消息，惯于顺风使舵的他连忙带着国玺来见赵构，他还设法找到流落在民间的元祐皇后孟氏，让她在朝中垂帘。这样，伪皇帝摇身一变成了赵构的建国功臣。

从争论开始，高宗就一直端坐不语。其间，一记炸雷响彻寰宇，震耳欲聋。赵构对身边的内侍说："出去看看，御花园的那棵老柏树是否安好？"然后，就不再言语了。高宗这会儿还是有意网开一面，新朝的开国玉玺是张邦昌送的，如果将他以叛国罪论处，那么这个朝廷也就不那么符合法理了。况且，张邦昌还跟他一起在金营做过人质，也算是患难之交。

在这场辩论中，李纲处于上风。他据理力争："张邦昌深受国恩，本该报效朝廷，然而国难当头，他却卖身投敌，堂而皇之地做了儿皇帝。勤王之师正在向东京集结的时候，他居然下诏制止，致使大宋失去了反击金人的良机，坐视锦绣河山任由贼兵践踏，黎民百姓任由战火蹂躏。张逆罪不容诛！臣恳请陛下下旨严惩！"

汪伯彦出于私心，则竭力祖护张邦昌："新朝刚刚建立，陛下应该效仿尧舜，以宽厚待人。惟如此，才能网罗四方人才，如若一味严刑峻法，只能使四方之士寒心。臣以为对张邦昌的处置不宜操之过急，陛下明察。"

高宗还是端坐不语，好像在凝听外面的风雨声。汪伯彦咳了一声，他身边的黄潜善立即心领神会，出班说道："陛下，张太保虽然有过，但也是受金人胁迫所致。陛下复国之时张太保献出国玺，属有功之臣。臣以为，张太保的功大于过，理应获得宽宥。"

这时，去御花园的太监回来了，他慌慌张张地告诉高宗："启禀陛下，刚才的雷劈断了老柏树的一段枝干，那儿还在冒着烟呢。"高宗这才欠了欠身："此乃上天示警。吩咐下去，小心点就是了。"

话音刚落，又是一声闷雷。高宗微微变色。他转向李纲："李相有话快说吧，天象异常，朕忧心忡忡。"

"古人云，天行有常，不为尧存，不为桀亡。刮风下雨，响雷打闪只是自然现象，与人的德行无关，与国家兴衰无关。社稷兴废全在人为，奸佞当道，正义得不到伸张，那才是灾祸的预兆。"李纲言辞恳切。

高宗顿了一下，问李纲："李相曾与朕提起过一个叫岳飞的？"

"是的，岳飞正在宗泽老将军帐下效力。此人仪表非俗，本领高强，将来定能成为国之栋梁……"

"李相这次看走眼了。"高宗打断了李纲的话，"岳飞狂悖无礼，不知天高地厚。区区一员无名小将，竟然越级上书，妄议时政，也未免太过自大。如若听之任之不加约束，岂不要乱了朝纲？"

李纲顿觉被兜头泼了一盆冷水，尽管时值夏季，但他还是禁不住打了个寒战。他当然知道，皇帝话里有话，一丝阴郁的情绪爬上了心头，但只是一掠而过。但他很快地镇定下来，向前一步跪下，说道："陛下，自古天无二日，国无二主，一个朝廷出现了两个皇帝，这岂不是亘古未有的笑话。叛逆者不被惩罚，忠勇之士却遭贬斥，这是宰相的失职。恳请陛下罢免臣的官职，治臣的失职之罪，昭告天下，以谢国人。"说罢，便叩头不止。

李纲的这几句话，还是打动了高宗。他不想惩办张邦昌是为了一己私利，但张邦昌的名声太臭，留在朝廷的确不妥。另外，张邦昌伪皇帝的身份，这使得新朝显得不伦不类。他瞄了汪伯彦一眼，汪伯彦明白他的意思，立即说道："李相快人快语，大公无私，我等皆不如也。"

高宗的脸色缓和下来，他让李纲起来，说道："卿是国之栋梁。有爱卿在社稷可保安宁，敌国不敢南下牧马。卿要是不干，那让朕何以为继？"

雨不知什么时候停了，天空中出现了一道虹，这道虹在归德殿门外画出一道七彩的弧线，将殿堂笼罩在一片光彩之中。汪伯彦不失时机地献媚："雨过天晴，天降祥瑞。大宋前途似锦，陛下定是洪福齐天啊！"

高宗微微一笑，剑拔弩张的气氛缓和了下来，大家都不再言语，等皇上做定夺。最后，高宗下了两道诏令：将张邦昌逐出京城，改任为昭化军节度副使，潭州安置；岳飞越职言事，妄议朝政，革除军职、军籍。

几天后，李纲又一次病倒，咳嗽不止，痰中带血。皇帝闻讯后，派来御医给李纲治病。病情略有好转，李纲就写信给岳飞，要他切莫灰心，等待时日再施展抱负。另外他又修书给河北招抚使张所，把岳飞推荐给他，李纲在信中说：岳飞年轻有为，国家正处于复兴之时，应该爱惜这样的人才。

另一方面，赵构的日子其实过得也不踏实，皇帝是当上了，但接下来该如何应对时局，是回汴京，还是南下偏安一隅，必须要做出的选择。无论如何，他还需要李纲在朝中制衡，一旦形势有变，还需要李纲来遮风挡雨。

赵构登基不久，金国就又开始了对宋的攻击。金将娄宿领重兵围攻河中府（今山西永济市），此地离汴梁仅三百多里。担任河中防务的宋将郝仲连，率将士殊死抵抗。金兵死伤累累，但宋军也付出了惨重的代价。

娄宿看硬攻损兵折将，便想着改变战术。恰巧在此时，一名宋军信使被金兵俘获。娄宿因此得知，郝仲连已经快支持不住了，正在急等援兵。娄宿立即命令金军一面全力攻城，一面在城墙根下挖隧道，然后便往隧道里塞满火药和铁片。一轮攻击结束以后，金军便引爆火药。随着一声巨响，城墙底部被炸通了。

金兵呐喊着由隧道冲进城里。郝仲连多处负伤，血染铠甲。他带着年仅十六岁的儿子郝致厚死战不退，他的双腿被乱箭射中后，依然半跪着与金兵格斗。这时，郝致厚被金兵一枪刺中后背，就在郝仲连回首看儿子的瞬间，金兵一拥而上将其按在地上绳捆索绑。

郝仲连是被抬着见娄宿的。娄宿说："郝将军，我大金进入中原以来，还没遇到过像你这样的忠烈之士，宋朝君臣皆昏聩无能之辈，为他们卖命值得吗？如果你能归顺大金，我保你高官得做，富贵无穷。"

郝仲连挣扎着抬起身子怒斥道："瞎眼的狗贼，我大宋满朝忠良，宰相李纲、老将宗泽都是扭转乾坤的栋梁之材！狗贼，要想活命，就快点向我大宋俯首称臣！"

娄宿见郝仲连忠勇刚烈，很是钦佩。他本打算留着郝仲连，但郝仲连以绝食相抗，加上伤势过重，没过几天就殉国了。

河中失守，郝仲连殉国，金军兵逼汴梁，一时朝野震动。因为汴梁不仅是故都，还是南京的门户。这自然又引起高宗的慌乱和主和派的喧嚣，李纲闻讯带病进宫见皇帝，他说："危难时刻急需安抚民众，稳定军心，能担当此重任的，非宗泽不可；要想恢复旧都，重整河山，也非宗泽莫属。"

赵构曾经跟宗泽一起在磁州共事，他深知这位老将不光忠心耿耿，而且具有很强的军事才能和控制局面的能力。所以，他立即听从了李纲的建议，命宗泽驻守汴梁。

金人刚占据河中的时候，很是嚣张，成天在汴梁附近演兵操练。那时的汴梁城防形同虚设，军队士气低落，散兵游勇和盗匪趁机祸害百姓。宗泽一到汴梁，便下令抓捕惩处了为非作歹的匪首，整肃风气。与此同时，他率人加固城防，操练兵马。此后，宗泽率领军队主动出击，取得了多场胜利。金人对宗泽早有忌惮，现在又吃了他的苦头，便不敢轻举妄动了。

尽管宗泽在抗金一事上卓有成效，但高宗此时的心态却发生了变化。赵构自从登基以来，就没把北方当作久留之地，父兄被俘虏的阴影一直笼罩着他，他只想离金军越远越好。河中失守以后，他更是想偏安一隅，无心北复中原，而这就得与金国达成和解。这时，他想起了张邦昌，于是他暗示汪伯彦和黄潜善通过张邦昌与金人议和。

此事极为机密，李纲自然被蒙在鼓里。病刚好，李纲便上书高宗，极力劝说他恢复旧都，并建议暂时迁都襄阳。可就在这时，张邦昌带来了金国的回复：议和可以，宋军必须让出汴梁，宋朝皇帝必须南下。于是，高宗连夜召见汪伯彦和黄潜善商讨议和之事。

高宗说："宗泽老将军在汴梁颇有建树，金人因此而有所畏惧，故而派人交涉，似乎又有议和之意，卿等对此有何看法？"

汪伯彦和黄潜善揣着明白装糊涂，黄潜善先说道："金人求和是慑于天朝雄威，是陛下英明果决所致。"

高宗冷冷一笑："爱卿言过其实了，作为干臣，理应为国家建言，为朕分忧。"

黄潜善弓背哈腰道："臣人微言轻，才疏学

浅、无德无能，加之李纲大人一向主战，如有不当之言恐怕要耽误国事的。"

"李相是治国能臣，尔等不及。"高宗先一板脸，然后又转换了口气，"安天下，怎么能只顾个人得失？古人尝云临危受命、义无反顾，卿是读书人固当知晓。"

汪伯彦说："金人主动提出议和，是千载难逢的好机会。陛下可先南下扬州，以表议和诚意。"

高宗沉默。过了好一会儿才说："此事需要从长计议，只是与金人往来，需要有牵线搭桥之人，爱卿以为谁合适？"

"张邦昌可担当此任。"

"张邦昌因其僭越之过，为天下人所不齿，用他担当重任，岂不是授人以柄？"

皇帝这么一说，汪伯彦、黄潜善立即明白，张邦昌即将成为一枚弃子。

汪伯彦见时机已到，便说："微臣有一个学生名叫秦桧，随二圣北狩。此人既在金国，又在二圣身边，微臣以为是难得的人选。"

黄潜善连忙帮腔："汪大人的建议很好，可以先由张邦昌写信推荐秦桧，然后再委以重任，大事可成。"

"黄大人莽撞了。"高宗面有愠色，停了一下又说："关乎国家存亡，行事必须机密，如有差池，尔等吃罪不起。"

大约十天以后的晚上，自觉身体状况已经好转的李纲带着李保和几个军校去街上巡查。秋天的夜晚，皓月当空，凉风习习，街旁的垂柳随风飘拂，发出"簌簌"地声响。一行人来到城墙边上，这儿的草市还在交易，虽不及东京繁华，但也灯火辉煌，人来人往。风送来远处的歌吹，宛转悠扬，但在李纲听来却有几许凄凉。他不禁想起汴梁车水马龙的街市，繁花似锦的街景。

"什么时候才能回到汴梁？"李纲暗自叹息。

就在李纲陷入沉思的时候，草市上突然混乱起来，呐喊声陡然而起，几个禁军正在追赶一个商贩打扮的男子。军士一边追赶，一边在喊："拦住他，他是奸细！"

李纲一带马，领着李保迎了上去。男子见前路被截，便甩掉外衣，从腰间抽出一把短剑往李纲这边扑过来。没等他到李纲跟前，李保已经冲了上去，一摆手里的大铁棍原想磕掉他手里的剑，但李保护主心切，用力过猛，棍稍不偏不倚正砸中此人的太阳穴。只听得"嘭"的一声，那家伙就一头栽倒在地上，蹬了几下腿，便没有了气息。

李纲从禁军的口中获知：这个男子是他们在草市巡逻的时候遇到的，他们见他东张西望，形迹可疑，便上前盘查。他先说自己是汴梁人，后又说自己是大名府的，但口音都不对，而且他们闻出此人身上有一股腥膻味，正当他们打算将他带回去进一步盘查的时候，他挥拳击倒了一名军士拔腿就跑。

李纲命人赶紧搜查这个男子。军士们在他的腰带里，找到一封密信，李纲打开一看，不由大吃一惊。他让李保给此人收尸，自己立即带着密信进宫面见皇上。

让李纲没有想到的是，汪伯彦和黄潜善此时也在宫里。李纲求见的时候，高宗并没有让他们退下。李纲进入内殿一看到汪、黄二人，先是一愣，然后便低眉面向皇帝。李纲虽然刚直，但毕竟久经宦海沉浮，他心里明白，事情复杂了。李纲对高宗说："陛下，臣有要事禀奏。可否请汪大人和黄大人回避。"

内殿的窗户都开着，风吹得帷帐摆动、烛影轻摇。高宗的脸在烛影中变幻着，他不动声色地坐在那儿，冷冷地说："各位都是国之忠臣，有话请当面讲，无须回避。"

"汪伯彦勾结逆贼张邦昌，与金人暗通款曲，企图胁迫陛下南迁。"李纲掏出密信呈给高宗，"此等行为纯属叛逆，臣以为必须严查，惩办罪魁，以儆效尤！"

听李纲这么一说，汪伯彦和黄潜善顿时面如土色。他们立即跪下，磕头如捣蒜："陛下，李纲血口喷人，诬陷好人，请陛下明察。"

赵构接过信，并不急于看，而是问道："金人的密札，李相是怎么得到的？"

"巡逻禁军截获了金国的信使！"

"信使呢？"

"信使拒捕，被臣的家将失手打死。"

汪伯彦和黄潜善立时松了口气，但嘴里还在絮叨"陛下圣明，请陛下明察"，高宗扫了他们一眼，说道："起来吧。"然后又转而对李纲说："既然没有人证，李相何以断定是汪大人和张邦昌勾结呢？"

"信上不是讲得很清楚吗？"李纲回道。

"这信嘛……"高宗的口气还是冷冷的，"也许是金人伪造，为的是离间我朝君臣……"说罢，赵构将信扔到一旁的烛台上，密信很快烧成了一撮飞灰。

"陛下！"李纲瞬间什么都明白了，他的眼里噙满了泪水，"陛下，江山锦绣，百姓纯良，岂容金人蹂躏践踏，陛下三思。"

"天下是我大宋天下，百姓皆我大宋子民，朕怎能忍心割舍？"

"那就请陛下铲除奸佞，整顿军务，回师汴京，南京毕竟不是久留之地。宗泽老将军在军事上已有起色，陛下当招揽天下豪杰北上，抗击金贼恢复中原！南下迁都万万不可！"

看到密信被烧，汪伯彦、黄潜善缓了过来。黄潜善奸相毕露："陛下，臣以为李相公好大喜功，不惜制造事端，他这是要将陛下置于险境，这跟范琼胁迫二圣入金营何其相似！"

"你……居心叵测的是你！"李纲气得满脸通红，"陛下，臣的老家在东南，如果臣真有私心，应该怂恿陛下南迁，臣力主还都汴梁、反对南迁完全是为了社稷和百姓。"

"陛下，当年太祖皇帝英武治天下，尚且先南后北。"黄潜善振振有词道，"只有在南方打下根基，才可再图北方，这是再明白不过的道理，李相不会不知道。"

李纲跪倒，声泪俱下："陛下，现在的汴梁秩序井然，物价平稳，老百姓安居乐业，加之宗老将军连获胜绩，这是北上的良机。机不可失，陛下切不可听信小人谗言，使中兴大计毁于一旦啊！"

"复兴之事要从长计议，不可猛浪。李相忠心可嘉，就是太性急了。"高宗的口气和蔼了些，"国家大事需要与群臣一起商议。"

李纲的心冷了，情绪反倒安定了下来，他叹了口气，说道："陛下，自古君子不可与小人同道，李纲请辞。"

"卿多心了，朕正有重任托付……只是天太晚了，明日再议吧。"

第二天早朝，高宗没有给群臣太多的时间讨论还都或南下的事，在说了几句模棱两口的话之后，他就起身退朝。然后由宦官宣读两道诏令：升任黄潜善为右相；李纲即日离开京城去往河北整顿防务、维护治安，围剿流窜在此地的盗匪。

又过了段时间，高宗找了一个借口，将张邦昌赐死在潭州。据说，张邦昌死前倒还镇定。当钦差命他喝下毒酒的时候，他说："杀我者，汪伯彦也。"他将毒酒一饮而尽之后，竟然面露微笑。或许他已经看透了，作为奴才与工具的汪伯彦和黄潜善同样有被抛弃的一天，同样要留得千古骂名。

举拔英杰　安抚流民

　　秋高气爽，碧空万里。校场上，战旗猎猎，金鼓阵阵。李纲头戴凤翅盔，身披朱红大氅，坐在阅兵台的中央。他的身后站着河北招抚使张所，张所全身铠甲，手执令旗，指挥校场上的将士演练阵法。

　　先是骑兵队，他们随着令旗和鼓声变换着阵型。将士们头盔上的红缨特别地显目，铠甲和刀枪在阳光下闪闪发光。看着精神抖擞的将士，李纲豪气顿生，先前笼罩在心中的阴霾一扫而空。他对张所赞叹道："将军治军有方，古之良将无有过者！"

　　接下来的是步兵，这当中，一队盾牌手的操

练让李纲眼前一亮。张所在一旁对李纲说："李大人，此阵专用以对付金军拐子马。"李纲捻须点头："妙，妙，此阵可以扬长避短、克敌制胜，是为张将军所创？"张所笑而不答。

操练结束后，李纲对将士们赞赏有加，并用带来的银两和绢帛犒赏三军。等众人回到大帐坐定，张所对身边的军校耳语了几句，军校立即出去传令。没过多久，从外面走进来三个人，为首之人李纲认识，是刚被任命为都统制王彦，而他身后跟着的年轻将领却让李纲喜出望外。

"岳将军！"李纲惊喜交加，起身迎了上去。

"拜见李大人，末将甲胄在身不能全礼，大人恕罪！"与上次相遇虽然只有不到两个月的时间，但岳飞黑了些，也壮了些。

"刚才盾牌手的阵法就是岳飞所创。"张所介绍道，"后面的这个是犬子张宪。张宪快来见过李大人。"

张宪比岳飞还要年轻些，一张娃娃脸稚气未脱。李纲紧握着岳飞和张宪的手说："好啊，好啊，令郎一表人才，真是虎父无犬子！有这些青年才俊，乃是社稷之幸，百姓之福！"

岳飞是受李纲荐举投奔张所的。他武艺高强，为人正直，抗金立场坚定，很受张所器重。重新入座后，李纲难掩自得地问张所："张将军，李纲荐举的人才还算实至名归吧？"

张所一拱手："岂止是名副其实，简直就是难得的将才。所以，我想让犬子跟着岳将军学些战法，也算是近水楼台先得月吧。"说罢，大家一起大笑起来。

李纲笑盈盈地看着两位年轻人，过了一会儿，他突然问张所："要说武艺，他们两个谁更厉害？"

"当然是岳将军了。"张所的话刚出口，张宪就很不服气地"哼"了一声。李纲对着岳飞使了个眼色，岳飞低头含笑不语。

"操练也结束了，何不暂且放下公事，让他们两个较量较量枪棒功夫？"李纲问张所。

张所呵呵一笑："难得李大人由此兴趣，就让他们给李相公比武演示吧。"

大家一齐回到校场。岳飞和张宪各自选了一条齐眉棍，行礼完毕便你来我往地比试起来。斗了十几个回合，岳飞有意露出破绽，张宪双手举棍要往下劈，岳飞乘虚刺向他的肋下。张宪连忙收回棍护住自己，岳飞一翻手腕将棍往下一扫，正扫在张宪的小腿上。张宪"啊"的一声，摔倒在地。众一片喝彩，张宪摔得结实，爬得也快，他红着脸掸掸身上灰尘，对着岳飞一拱手："谢谢大哥手下留情，我服了，以后你就带着小弟吧。"众人听罢，又是一阵大笑。

李纲把岳飞叫到跟前，对他说："将军勇武过人，如果在实战中，你能敌得过多少金兵？"

岳飞略微思考一下，说："末将只是匹夫之勇，不足道哉。要赶走金贼，迎回二圣，那非得用韬略。当年项羽败在韩信之手，就是因为他有勇无谋，而韩信便是以韬略取胜。"

李纲惊奇地看着眼前的这个年轻人："将军见识不凡，不像是行伍中人。将军以为如何才能平定中原，愿闻其详。"

"末将以为有黄河天险作为依托，汴梁可以长保平安。如果凭借天险，建立若干藩镇，使之形成掎角之势，假如一地被攻，其余部队可在背后或侧翼袭扰牵制，使其腹背受敌。这样一来金人就无法在中原肆意妄为，更不敢轻贸然渡河南下，汴京自然也可确保安全了！"

"真帅才也！"李纲不禁击节叫好，"果真如将军所言，中原防守定然固若金汤，金人定然不敢窥探中原，我河北、河东百姓可保安宁。"

李纲站起身来，兴奋地来回踱步。他走到张所跟前问："岳将军现在军中任何职？"

"现任统领，已经属破格提拔了。"张所答道。

"屈才了，岳将军是帅才，而国家正在用人之时，岂能因循旧制，可提拔统制！"李纲坚定地说，"张将军不必为难，如有非议，由我李纲来承担。"

张所笑道："有李大人支持，卑职当然就没有什么顾忌了。"

大家正谈得起劲，一名军校急匆匆地跑了过来："禀报李大人、张将军，去往河东运粮草的部队被贼人劫了！"

"什么人如此大胆，是金兵吗？"张所手按腰间的宝剑"霍"地站起来。

"不是金兵，是盗匪。他们说是跟张将军借粮，日后一定奉还。"

"可恶！"张所一跺脚，问道："何人出马去扫荡这伙蟊贼？"

"爹爹，孩儿愿往。"张宪抢在众人前面，站了出来。

李纲说："这些盗匪中有惯匪，也有散兵游勇，还有无家可归、无地可种的流民，他们当土匪就是为了一口饭。我这次奉圣命来到河北，也是因为他们。平蟊贼易，收民心难啊。"

经过商议，李纲和张所决定：张宪先行打探，李纲带着岳飞随后接应；张所留守大营，谨防金兵偷袭。他们此行除了要找回军粮，还要了解这一带的匪情、民情。

初秋的天空一片湛蓝，橙色的阳光映照着道边半熟的庄稼地里，黄绿错杂的庄稼在微风中安详地摇曳。李纲对岳飞说："今年的庄稼长势兴旺，老百姓有饭吃，就能安居乐业，即使有不逞之徒作乱，那也成不了气候。"

岳飞说："末将本农家子弟，假使金兵不侵犯中原，末将此时定然在乡间以种地为生。不是为了活命，没人愿意打仗，更不愿意落草为寇。"

他们一边说，一边抓紧赶路。过不多时他们走进了一片小树林，林中的土路上灰尘四起，十几个军士衣冠不整、样子狼狈地往这边跑，有的还带着伤。他们见到李纲一行，便大喊道："李大人、岳将军，大事不好了！少将军被贼人活捉了！"显然，他们是张宪的部下。

李纲他们还没来得及询问由头，又有四五个军士从树林里跑了出来，身后有一群人在紧紧追赶，为首的是个高个大汉。此人身穿皂色布衫，脚蹬八搭麻鞋，面如生铁，豹头环眼，双手握着一条朴刀。岳飞一提战马："大人稍等，我去会会他。"

岳飞拍马上前，让过那些溃逃的宋军，拦住那个大汉。岳飞手提大铁枪翻身下马："何方蟊贼，竟敢拦截官军！"

大汉收住脚步，上上下下地打量着岳飞："你是什么人，活得不耐烦了？"

岳飞不再跟他多话，一挥大枪直取来敌。

李纲在马上看他们你来我往地较量，不由得暗暗叫好。他想：张宪败在这个人手上一点也不冤枉。大汉的那口刀使得炉火纯青，也只有岳飞这样的本领才能制服此人。三四十个回合后，那个大汉渐渐支撑不住了。岳飞乘他步伐凌乱的时候，用枪杆狠狠地抽在他的腰部。大汉痛呼一声，合扑在地。军士们上前将大汉按住绑了。他身后的那帮人"呼啦"一下作鸟兽散。

"你姓什么叫什么？"李纲问那个大汉。

大汉一瞪眼："要杀便杀，少啰唆！"

"我看你一身的好武艺，不思报国，却落草为寇，实是自毁前程，可悲可恨。"

"狗官，你们向金人下跪，对百姓逞威风，良心都让狗吃了！用不着废话。大爷不怕死，十八年后又是一条好汉！"

"放肆，你知道在你面前的是谁吗？他就是当朝右相！"岳飞在一旁喝道。

大汉一听，脸色大变，"扑通"一声双膝跪倒，呼道："原来是李相爷，小人有眼不识泰山，真正该死！"

这位大汉名叫张荣，本是山东人。靖康年间，张荣曾一度占山为王。金人南侵后，张荣决心投身抗金大业。最近，他来到河北寻找先前结识的义兄吉庆，偶然遇到张所的运粮部队，便纠结了一些地方上的流民和游兵散勇劫了军粮。他本想将军粮作为送给吉庆的见面礼，没想到张宪很快追来。现在军粮和张宪都已押往吉庆的山寨了。

张荣说："久闻李相英名，大人是大忠臣，忠心为国、爱民如子。张荣今日得见真是三生有幸，死而无憾。"

此时已到中午，将士们又饥又累。李纲让岳飞先给张荣松绑，然后命军士们在小树林旁安下营寨，埋锅造饭。张荣被带进营帐，李纲正颜厉色道："联合义士抗击金兵本是义举，抢劫军粮、对抗官军却是死罪！"

张荣低下头："李相英明，张荣死在大人刀下，不冤。"

这时，饭来了。张荣接过军士递来的饭碗，一阵狼吞虎咽。饭罢，张荣抹了抹嘴，颇有些感慨地说："李相出身尊贵，不知道挨饿的苦。小人自幼受穷，忍饥挨饿是常事。人一饿起来，心就野了，胆也壮了。"

李纲注视着营帐外，许久不说话。他看似不动声色，内心却极其复杂。

等张荣吃完饭，李纲问道："你适才说的吉庆是怎样的人？"

"其实吉庆也是苦出身，空有一身好本领，报国无门，只得占山为王了。他手下能打仗的有一两千人。被金人占了地方无家可归的都去投奔了他，为的就是一口饭，这男女老少加起来总共也有两三万人。"

"既是如此，我给你一个戴罪立功的机会，随我一起去找吉庆，劝他接受朝廷招安，弃暗投明，随张所将军一起抗击金兵。这样他们既用不着干打家劫舍的勾当，还能为国效力。"

"能这样实在是太好了，小人感谢李相恩德，愿意效犬马之劳！"张荣磕头谢恩。

"不行，李相屈尊前去太危险，末将前往即可！"岳飞在一旁着急了。

李纲笑道："岳将军性子太直，不合适，还是我去为好。况且有张荣跟着我，不会有事。"

经过商议，李纲决定先以张荣的名义修书给吉庆，说明来意。第二天，李纲便和张荣带了几个随从直奔吉庆的山寨。

吉庆的寨子是建在一座山包上，四周挖了水沟，作为防御。山寨的关隘都有人把守，寨门口还有几门土炮。李纲一边往山寨的大厅走，一边四下打量。这里的确是险要之地，只是那些兵士一个个蓬头垢面，面黄肌瘦。刚到大厅门口，吉庆便迎了出来。他个子不高，身材精瘦，双眼却是熠熠有神。

"兄弟别来无恙。"吉庆只是对张荣一拱手，并不理会李纲，"兄弟我正为粮食着急上火，你送来的军粮算是解了燃眉之急！"

寒暄过后，张荣便将李纲介绍给吉庆。吉庆打量了李纲一会儿，才说："久闻李相英名，小人失敬，大人请上座，受我等一拜。"

众人入座，李纲便单刀直入，说明来意。张荣也在一旁相劝："李相是朝廷重臣，今日亲自前来就是为了表明诚意。大哥您就听小弟的劝吧，跟着李相一起抗击金军，没有错。"

吉庆站起身来，走到大厅的门口眺望远处云雾缭绕的青山，长叹一声："我何尝不想名正言顺，但当今陛下受奸人蛊惑，李相恐怕也是力不从心吧！"

吉庆的话让李纲深有感触，李纲也起身走到大厅门口，凝视着远方苍翠的峰峦。山下大河环抱，一群飞鸟正从青山之中飞向苍茫的河面。

"飞鸟总是要展翅翱翔的呀，"李纲像是在自言自语，"七尺男儿更当不畏浮云遮望眼，振翅高飞，志在千里！"

李纲转而对吉庆说："金兵入侵中原，一路烧杀抢掠，无恶不作，百姓痛失家园，死伤枕藉，凡有良心的志士都奋起抗争、保家卫国。我听张荣说，吉壮士武艺高强，胸怀大志，只是因为被贪官污吏所逼才落草为寇。壮士如能听我一言，投奔张所将军，定能在抗金战斗中大有作为，立下不世之功。"

"李相屈尊来到鄙寨指路，小人心存感念。

小人愿由大人处置。"吉庆虽是绿林中人，但深明大义，他半跪下深施一礼，"只是鄙寨也有几千弟兄，小人不能扔下他们不管。更为棘手的是，还有万把老弱病残，如果丢下他们，任其自生自灭，小人实在于心不忍！"

在山寨后面的谷地里，李纲见到了那些流离失所的难民。他们有的用破草帘搭在树枝上遮阳挡雨，有的将破布片连缀起来披在身上。他们面黄肌瘦，表情呆滞，形同土偶。李纲刚走近他们，就闻到一股浓烈的腐臭气味。白发苍苍的老人靠在树干上奄奄一息，骨瘦如柴的小孩躺在妈妈的怀抱里，双眼圆睁，眼角还沾着泪水，他们连哭得气力都没有了。面对此情此景，李纲不由得潸然泪下。

"不光是饥饿，还有疾病。饥寒交迫，得病也越来越多。"吉庆说，"粮食啊，没有粮食只能坐以待毙了！"

"饥民需由官府安置，否则他们将死于贫病。"李纲忧心如焚，正色对吉庆和张荣说，"本官会保你们无罪，但山寨人马当接受张所将军整编。军粮留下一部分，以解燃眉之急——给你手下和饥

流离失所的难民，生活十分凄惨。见到此情此景，李纲不
禁潸然泪下。

民吃几顿饱饭吧。"

"谢李相，李相再造之恩，小人没齿不忘！"吉庆和张荣一起跪下便拜。

李纲将他们扶起，说道："战乱频仍，哀鸿遍地，如果你等能安抚流民，招揽豪杰合力抗金，那可真是立下了大功！"

吉庆连忙说："小人还有几个兄弟在河北落草，得力有用的加起来不下五六千人，我这就去联络他们投奔张所将军。"

"如此，善莫大焉。你让众豪杰放心，只要归顺官军、坚决抗金，他们的随行家属都能得到妥善安置。"李纲又对张荣说，"张壮士，你先回河东，联络江湖好汉，组织抗金队伍。等河北这边的事告一段落，我便去河东，与那里的好汉共商抗金大计。"

吉庆命人在大厅摆酒。李纲拦住了他："不必了，快给弟兄们分粮造饭……另外，还有一件大事差点忘了，赶紧放了张宪将军吧。"

接着，李纲便差人联络地方，要求官府安抚流民，赈济灾民；设置"居养院"和"施药局"，救死扶伤，使老弱病残有栖身之所。愿意回乡的给足路费，不愿回去的就地安置；流民中的壮丁一部分务农，一部分编入军中预备队，为抗金储备兵源。

在回大营的路上，李纲带着岳飞和张宪扬鞭纵马，一口气奔上一座山梁。山下是彩色的田野，整齐的庄稼地之间长满了艳丽的野花。秋风吹过，送来阵阵沁人心脾的清香。李纲深深吸了一口气，意气风发地对身边的岳飞说："岳将军，金兵虽然凶悍，但朝中亦有奸人作祟，但只要满朝文武心存社稷，勠力同心，定能恢复河山！"

被迫辞相　风雨夜归

　　秋天的南京，满城风雨。人们在凄风冷雨中匆匆走过，商铺关门，市面萧条，城里的人栖栖惶惶，在做着南逃的准备，当年汴梁没落的景象又在南京重演。西风萧瑟，木叶尽脱，闹市中的南京国子监显得异常冷寂。

　　这天一大早，太学生陈东就被叫醒。狱卒催促他穿好衣服后，便带着他往外走。监狱内外军士把守，气氛肃杀。陈东明白，最后的时刻到来了。快出监狱大门的时候，陈东停下脚步，对狱卒说："等会儿，我去换件衣服。"狱卒面有难色，看着身边的一个节级。

　　节级上前说道："陈先生，在下官卑职小，只能奉命行事，先生千万不要为难在下。"

陈东一笑："官爷误会了，陈东不是贪生怕死之辈，若是怕死，就不会上书陛下，冒死进言了。"

节级想了一下，便道："先生是条好汉，这南京城谁不知晓？先生请便吧，只是不要时间太长，如耽搁了时辰，在下吃罪不起。"

没过多久，陈东头戴黑色软脚幞头，身穿白色细布襕衫，走了出来。他飘逸潇洒、步履从容，那样子不像去赴死，而像是赴约宴游。监狱门口摆着一桌酒菜，陈东直接坐下，旁若无人地大块吃肉，大碗喝酒。酒足饭饱，陈东对押解的军汉一扬手："走吧，上路！"

跟着陈东一起上刑场的还有书生欧阳澈。他与陈东"同罪"，都是伏阙上书皇帝：请求皇上御驾亲征，还都汴京；主张罢免误国奸臣汪伯彦、黄潜善，重用李纲、宗泽等主战大臣。

去往刑场的路上，禁军戒备森严。陈东和欧阳澈走在一起，谈笑风生。沿途挤满了百姓，他们摆下香案为两位义士送行，他们钦佩陈东和欧阳澈的敢言，感激他们替百姓讲话，看到义士慷慨赴死，很多人悲愤交加、泣不成声。

陈东、欧阳澈被押解到了刑场，监斩官和刽子手都已到了，很快就要开刀问斩。突然有几匹快马飞奔而来，为首的正是李纲，围观的人们纷纷让开路。李纲边跑边喊："刀下留人！"

李纲去河北的时间不长，但朝廷里却连生变故：抗金主张被搁置，还都计划被弃；与金人的议和一直在悄悄进行，汪伯彦、黄潜善控制了朝堂；朝中有风言风语流传，皇帝正为罢免李纲做准备；南迁即将成为现实，目的地是扬州，而高宗只在等待一个借口。陈东、欧阳澈的上书恰如批逆龙鳞，加上汪伯彦和黄潜善的挑拨离间，他们很快就被判成了死罪。

李纲一下马就直奔到监斩官的跟前："大人，陈东、欧阳澈是忠诚敢言之士，朝廷需要这样的人，杀了他们只会使亲者痛，仇者快！"

"李相，有圣命在此，学生不敢违抗。"监斩官举着诏令对李纲说。

李纲心急如焚，情急之下，他摘下官帽放在监斩官的案桌上："大人，本官以前程作保！我这就进宫面圣，请求陛下法外开恩！万望大人等陛下有了回复，再作处置！"说罢，李纲便又急匆匆上马，向皇宫奔去。

不出意料，这会儿汪伯彦和黄潜善都在宫里，他们正和高宗商议迁都扬州之事。李纲怒视着汪、黄二人，然后问高宗："陛下，臣刚从河北回来，便听说太学生陈东和江右书生欧阳澈已绑赴刑场，即将问斩，不知所为何事？"

"李大人进宫就是为了这事？太唐突了吧。"高宗脸色阴沉，"陈东、欧阳澈目无法纪，妄议朝政、诋毁大臣，罪不可赦。是朕给黄大人下的诏令，将其问罪。怎么，李大人以为不妥吗？"

"陛下，我朝祖制不杀言官，陈东、欧阳澈即便有罪，罪不至死啊！"

"李相错了，陈东不过是一个太学生，欧阳澈只是个布衣，能算是言官吗？"汪伯彦在一旁冷笑道："李相日理万机，身心俱疲，有点颠三倒四了。"

高宗脸上也挂上一丝嘲讽的笑意，他顾左右而言他："李相，河北之行可还好？"

"陛下，河北招抚使张所与都统制王彦整顿军务颇有成效。河北多义士，他们都盼望陛下还都汴梁！陛下，臣恳请赦免陈东、欧阳澈，从民所欲，北上抗敌。"

高宗听罢李纲的话，面色凛若冰霜，他看着汪伯彦问道："卿以为如何？"

汪伯彦也跟着收敛了笑容："陛下，据臣所知，张所、王彦本是言过其实之人，所谓河北义士实属危害一方的盗贼，所谓抗金队伍不过是乌合之众，说要依靠不逞之徒恢复中原、迎回二圣，真如痴人说梦！"

黄潜善也插了上来："张所在河北招降纳叛、结党营私，河北的盗贼猖獗。李相刚去河北巡检，岂能不知？李相素以清直闻名朝野，知而不报实非李相之为人。"

"一派胡言！"李纲怒火中烧。他本要怒斥汪伯彦和黄潜善一顿，但一想到此次进宫是为了救人，只得强压下怒气。他跪下磕头："陛下是一代明君，中兴之主。臣请陛下宽恕陈东和欧阳澈，如果杀了忠义之士，必将使得正气不伸，陛下将陷孤立！"

高宗发怒了，他一拍龙案："胡说，朕何尝孤立，朕惩办陈东和欧阳澈就是为了立正气。汝身为宰执私闯内殿，且衣冠不整、蓬头乱发，成何体统，怎么配做当朝首相？"

李纲觉得眼冒金花，心口火辣辣的，一股气直往嗓子眼儿冲。他牙关紧咬，努力让自己平复下来。过了一会儿，他说："陛下如果不赦免陈东、欧阳澈，臣宁可辞官还乡！"

就在这时，一个内侍走了进来，将一封文书递给黄潜善。黄潜善看罢微微一笑，对高宗说道："禀陛下，监斩官来报，陈东、欧阳澈二犯已经伏法。"

李纲如五雷轰顶，瘫坐在地上，止不住浑身颤抖。看到李纲这个样子，高宗似乎动了点恻隐之心，态度也缓了下来："起来吧，河北之行鞍马劳顿，很是辛苦，李相先回府休息吧。"

李纲一动不动，只是直愣愣地看着皇帝。高宗叹口气道："李相的确是老了，朕准你回乡养病，等身体好了，再回来为朝廷效力。"

李纲感觉自己像是做了一场大梦，现在大梦初醒。他俯身磕头："臣领旨谢恩，吾皇万岁。"

雨时断时续。雨滴落下的声响，使这萧索的季节更显凄凉。李纲躺在仰椅上，眼窝深陷、双目无神，久久地注视着屋顶。纸窗缝隙间的一缕光投射过来，在他的脸上描画出一道皱纹。仅仅几天的工夫，李纲就苍老了许多。咳嗽的老毛病加重了，早晨起床痰里又有血。李怀兴正守着火炉给他煎药。

李纲看着李怀兴，很是内疚："老管家多年跟着我四处宦游，舟车海内，饱受辛苦，真是对不住你啊。"

李怀兴长叹道："大人这是哪里话，您安心休养吧，切勿多想。"

李纲眼眶一热，泪水止不住"簌簌"地落下来。他把脸别过去，过了好一会儿才平复心绪。

正在这时，李保从外面急匆匆地跑了进来。他满脸是汗，接过李怀兴递过来的水碗一饮而尽。

"打听到什么了？快说！"李纲急切地问。

"有好事，也有坏事"李保喘着粗气说道。

李纲被罢免之后，汪伯彦和黄潜善就怂恿高宗夺去张所、傅亮等抗金将领的兵权，将他们贬谪到南方的边远地区。张荣回到山东，重新组织抗金力量。吉庆带着山寨人马投到岳飞麾下。

岳飞随王彦渡河北上，与金军遭遇。岳飞独率吉庆等七千将士与金军主力在新乡遭遇。鏖战中，吉庆一马当先冲入敌阵，斩将搴旗，宋军士气大振，最终收复了新乡。而后，宋军再接再厉，又痛击金兵于侯兆川，这场战斗非常惨烈，主将岳飞受伤十余处，吉庆在包围圈中三出三进，最后壮烈殉国。金军又遭败绩。但岳飞孤军深入，得不到友军支援，败退下来，只好投奔宗泽老将军。

"岳将军果然不凡，收复新乡是大喜事，只可惜他孤掌难鸣！"李纲既高兴，又惋惜，"吉庆忠勇双全，难能可贵，为国捐躯虽死犹荣，河北之地从来就不乏慷慨悲歌之士。"

李保擦着汗，气呼呼地说："本来指望出个明主，谁知道又是个昏君。大人，这朝廷就是一浑水，还是当平头百姓好。"

李怀兴一跺脚喝道："浑小子，胡说什么？你要犯上不成？"

李纲摆摆手止住李怀兴，对李保说："效忠陛下，是为人臣的本分，为国为民鞠躬尽瘁更是义不容辞，不管是在朝为官，还是身处江湖，都不能忘了做人的本分，这话我以前跟你说过。"

李纲喝下汤药，安静地躺下。忽然，他又问李保："如果我告老还乡了，你打算怎么办？"

李保挠了挠后脑勺，憨笑道："那还用说，跟着大人呗。"

李纲思索了片刻，说道："去把我的锏取来。"

李纲拿着镔铁锏仔细端详，锏棱银光闪闪，寒气逼人。他对李保说："这把锏曾随我保卫汴梁，现在我把它送给你，你带着它去投奔岳飞。在岳将军那儿，你和锏才有用武之地。"

"不，大人，李保死都不离开您！"李保急了。

"李保，你跟着我充其量不过是个义仆，你投奔到岳将军麾下，才算是精忠报国的壮士。去吧，为救天下苍生多打胜仗！"

正说着话，忽听到外面人声鼎沸。一个家丁跑了进来："老爷，门外来了许多百姓，他们要见老爷。"

府邸外聚集了很多人，他们有的是南京城的百姓，有的是从河北、河东来的难民，大家吵吵嚷嚷，说要求见李纲。李纲在李保的搀扶下，来到大门口。大家见李纲出来了，全都安静了下来。雨还在下，风吹拂着李纲花白的鬓发，冷雨打在他憔悴的脸上。

"李大人！"大家一起跪下，"李大人，我们都听说陛下要迁都扬州。陛下一走，金人马上就要杀过来，南京就要成为第二个汴梁。李大人，我们该怎么办，坐着等死吗？李大人给小民做主啊！"

曾几何时，这一幕在汴梁出现过，如今又在南京重演。李纲百感交集。他心有不甘，自己竭尽全力，国运却每况愈下。

"各位快快请起。"李纲连忙说，"陛下计划南下只是巡幸，还会回来的。中原是故土，岂能拱手让人。西北有大宋的精兵良将，汴梁还有宗泽老将军把守，金人要进占南京谈何容易。"

"李大人，听说您被罢职了，马上还要调离京城。奸臣当道，忠良被欺，这算是个什么世道？"有人怒吼道。

"岳飞岳将军刚刚进军河北，屡败金兵，扬我国威。我大宋锦绣河山怎容外敌践踏？"李纲的话是说给百姓听的，也是说给他自己的，"要过太平日子就得靠自己，大家都拿起刀枪保家卫国，金贼就不敢肆意妄为！"

"李大人，你不能走啊，你带着我们去跟金贼拼了！"

李纲的眼圈红了。他连连拱手道："多谢父老乡亲们！李纲不才，然而愿为大宋赴汤蹈火；李纲德薄，但是愿为天下苍生鞠躬尽瘁！今天，我李纲对天起誓，只要一息尚存，就抗金到底，直到北定中原、迎回二圣！"

在此后的几年里，李纲被一再谪贬。建炎二年（1128），李纲又被贬谪到万安军（今海南万宁），就在第二年，朝廷下达了赦免令。虽然屡遭打击，李纲却一直心系社稷，得知朝廷回心转意，他连夜北归。

又是一个风雨之夜，李纲和儿子李宗之行走在去往北方的路上。雨越下越大，道路泥泞难行，他们只得先去附近的村庄里的农家落脚，暂避一时。

农家主人得知是李纲，热情地将他让进自家小院。李纲借着茅屋里朦胧的烛光，看到小院的牲口棚里有一头老牛卧在槽头。听到动静，牛试着要站起来，但显得力不从心。李纲停下脚步仔细打量着它，问主人："这牛很老了吧？"

"是的，我父亲那会儿就靠它耕田，前前后后算起来都快三十年了。"主人说，"它是我们一家的功臣，现在老了，我们养着它，给它养老送终。只要它能动弹，我们就带它到田里溜溜，它一看到田就赖着不想走，对着落山的太阳'哞哞'地叫。这牛跟人一样，离不开这块土地了。"

李纲不禁热泪盈眶。三十多年前的情景又重现在眼前：少年李纲腰悬宝剑，骑着骏马跟在父亲李夔后面，行走在烽火不息的西北边陲。此时正值深秋，塞下秋来风景异，寒风凛冽，黄沙漫天。父亲时不时地回头看他，面露赞许的微笑。"纲儿，怕不怕冷？"父亲问道。

小李纲一挺腰杆："不怕，男子汉大丈夫就要逆风而行，知难而进。"

"马上就要跟西夏人打仗了，你怕不怕刀枪剑影？怕不怕出生入死？"

"不怕！"李纲抽出腰间利剑，"男子汉马革裹尸是善终，为黎民百姓纵死犹闻侠骨香！"

西风猎猎，黑云压城。李纲忘不了这情景。他和父亲的背影永远定格在了长烟和孤城之中。这是他们父子的人生抉择，也是他们的宿命。

李纲在牛栏前伫立良久，最后对儿子李宗之说："走吧，我们继续上路。"

黑夜，伸手不见五指；路途，风雨交加，但李纲知道他们父子走的是北归的路。李纲吟诵道：

耕犁千亩实千箱，力尽筋疲谁复伤？

但得众生皆得饱，不辞羸病卧残阳。

在此后的十年的时光里，李纲一直用这首诗来自我鞭策。他就像老牛那样不辞辛苦，为国为民奉献着自己的心力，一直到生命的尽头。

前路黑暗而凶险，但李纲的信念依旧执着。

李纲

生平简表

● ◎ 宋神宗元丰六年（1083）

出生于秀州花亭（今上海松江）。

● ◎ 宋徽宗政和二年（1112）

进士及第。

● ◎ 宣和元年（1119）

京师大水。时任起居郎的李纲上书朝廷陈述内忧外患，被谪贬。

●◎宣和七年（1125）

被召回朝，任太常少卿。不久，金军南下，兵逼汴梁，李纲力主抗金，并支持宋徽宗赵佶禅位于太子赵桓。赵桓（宋钦宗）即位后，李纲任兵部侍郎、尚书右丞，率宋军击退金兵，赢得汴梁保卫战的胜利。

●◎宋钦宗靖康元年（1126）

受主和派排挤，谪贬离京。行至湖南，接到朝廷新的任命：领开封府事，然闰十一月汴梁已被金军攻陷。

●◎宋高宗建炎元年（1127）

宋高宗赵构任命李纲为中书侍郎（右相）。其间，与主和派展开激烈的斗争，并主张惩办张邦昌等。招揽豪杰，举荐宗泽等抗金将领，支持河北、河东军民的抗金义举。主政七十五天即被罢黜，后又屡遭谪贬。

●◎建炎三年（1129）

与子李宗之南渡琼州，后被赦放还。

因弟李经病逝，悲痛成疾，旋于仓前山椤严精舍的寓所逝世，享年五十八岁。